Die Bibliothek von Babel

Idee und Design
von
Franco Maria Ricci

Wissenschaftliche Erzählungen
von
Charles Howard Hinton

Mit einem Vorwort von
Jorge Luis Borges

CIP-Kurztitelaufnahme der Deutschen Bibliothek

Die Bibliothek von Babel: e. Sammlung phantast.
Literatur /
hrsg. von Jorge Luis Borges. –
Stuttgart: Edition Weitbrecht
NE: Borges, Jorge Luis [Hrsg.]
Bd. 10. → Hinton: Charles Howard:
Wissenschaftliche Erzählungen

Hinton, Charles Howard:
Wissenschaftliche Erzählungen / Charles Howard Hinton.
[Dt. Übers. von Angelika Hildebrandt-Essig]. –
Stuttgart: Edition Weitbrecht, 1983.
(Die Bibliothek von Babel; Bd. 10)
ISBN 3 522 71100 9
NE: Hinton, Charles Howard: [Sammlung ⟨dt.⟩]

Vorwort von Jorge Luis Borges
© Franco Maria Ricci Editore, Mailand
Deutsche Übersetzung von Maria Bamberg
© 1983 Edition Weitbrecht in K. Thienemanns Verlag, Stuttgart

Originaltitel der Erzählungen:
What is the Fourth Dimension?
The Persian King
A Plane World
Aus dem Englischen von Angelika Hildebrandt-Essig
© 1983 Edition Weitbrecht in K. Thienemanns Verlag, Stuttgart

Design von Franco Maria Ricci und Marcella Boneschi, Mailand.
Den Text setzte die Alfred Utesch GmbH, Hamburg,
in der Bodoni 12 Punkt.
Reproduziert von Reisacher Repro, Stuttgart.
Gedruckt von Gutmann, Heilbronn.
Gebunden von Wilhelm Röck, Weinsberg.

Originalverlag und © Franco Maria Ricci Editore, Mailand

Vorwort

Wenn ich mich nicht irre, ist Edith Sitwell die Verfasserin eines Buches mit dem Titel The English Eccentrics. *Niemand hätte ein größeres Anrecht auf einen Platz darin als Charles Howard Hinton. Andere suchen den Ruhm und finden ihn nicht selten; Hinton erreichte beinahe die dunkelste Vergessenheit. Er ist nicht minder rätselhaft als sein Werk. Die biographischen Nachschlagewerke ignorieren ihn; wir haben nur einige flüchtige Bemerkungen im* Tertium Organum *(1920) von Ouspensky und der* Geometry of Four Dimensions *(1928) von Henry Parker Manning gefunden. Wells erwähnt ihn nicht; doch das erste Kapitel seines staunenswerten Alptraums* The Time Machine *(1895) läßt unwiderlegbar vermuten, daß er ihn nicht nur kannte, sondern daß er ihn durchgearbeitet hat, zu seinem und unserem Ergötzen. Wir müssen darauf hinweisen, daß* A New Era of

Thought *(1888) einen Hinweis der Bearbeiter des Buches enthält, wo es heißt: «Das Manuskript, auf dem dieses Buch aufgebaut ist, wurde uns durch seinen Verfasser (Hinton) überreicht, kurz bevor er England zu einer Reise nach einem fernen, unbekannten Ziel verließ. Er ließ uns volle Freiheit, seinen Text zu erweitern oder abzuändern, doch haben wir von dieser Erlaubnis den geringstmöglichen Gebrauch gemacht.» Dieser letzte Satz deutet einen möglichen Selbstmord an, oder – was wahrscheinlicher wäre – ein Entweichen unseres ungreifbaren Freundes in jene vierte Dimension, die zu erahnen ihm schon, wie er selbst angibt, mittels verbissener Selbstdisziplin gelungen war. Hinton meinte, daß diese Selbstdisziplin keine übernatürlichen Fähigkeiten erforderte. Er gab eine Adresse in London an, wo ein Interessent gegen einen lächerlichen Betrag verschiedene Spiele mit kleinen Polyedern aus Holz erwerben konnte. Aus diesen Stücken mußte man Pyramiden, Zylinder, Prismen, Würfel usw. zusammensetzen, unter Beachtung bestimmter, genau vorgegebener Zusammengehörigkeiten von Kanten, Flächen und Farben mit seltsamen Namen. Wenn man jedes dieser verschiedenartigen Gefüge aus dem Kopf kannte, mußte man sich darin üben, in Gedanken die einzelnen Stücke gegeneinander zu verschieben. Zum Beispiel löste die Verschiebung des Würfels Rosa – oben und links dunkel – eine komplizierte Reihe von Versetzungen des Ganzen aus. Mithilfe solcher Gedankenübungen sollte es dem Adepten allmählich gelingen, sich in die vierte Dimension hineinzufühlen.*

Wir vergessen meistens, daß die Elemente der Geometrie, die wir in der Grundschule lernen, von abstrakten Begriffen ausgehen, die keineswegs der sogenannten «Wirklichkeit» entsprechen. Solche Begriffe sind: der Punkt, der keinen Raum einnimmt; die Linie, die, wie lang sie auch sei, aus einer unendlichen Anzahl von Punkten besteht, einer neben dem anderen; die Ebene, die aus einer unendlichen Anzahl von nebeneinanderliegenden Linien besteht; und der Körper, zusammengesetzt aus einer unendlichen Zahl von Ebenen, wie ein Spiel aus unendlich vielen Karten. Die sogenannten Platonisten von Cambridge, insbesondere Henry More, aus dem 17. Jahrhundert, waren Vorläufer von Hinton, der diesen Vorstellungen eine weitere hinzufügte: die des Überkörpers, gebildet von einer unendlichen Menge von Körpern und begrenzt von Körpern, nicht von Ebenen. Er glaubte an die Realität von Überwürfeln, Überprismen, Überpyramiden, Überkegeln, Überkegelstümpfen, Überkugeln usw. Er zog nicht in Betracht, daß von allen geometrischen Begriffen einzig der des Körpers Wirklichkeit besitzt, da es ja kein Ding im Universum gibt, das keine Ausdehnung in die Tiefe hat. Für eine Lupe und mehr noch für ein Mikroskop hat selbst das winzigste Partikelchen drei Dimensionen. Hinton meinte, daß es Welten mit zwei, vier, fünf, sechs Dimensionen gäbe und so unendlich weiter, bis zur Erschöpfung der natürlichen Zahlenreihe. Dreimal drei heißt in der Algebra drei zum Quadrat oder 3^2; 3^3 oder drei zum Kubik ist $3 \times 3 \times 3$; dieses Fortschreiten führt uns zu einer

unendlichen Zahl von Exponenten und, nach der Hypothese der pluridimensionalen Geometrie, zu einer unendlichen Zahl von Dimensionen. Diese Geometrie gibt es bekanntlich; was wir nicht wissen noch begreifen ist, ob es ihr entsprechende Körper wirklich gibt.
Zur Erläuterung seiner kuriosen These, die u. a. von Gustav Spiller widerlegt wurde (The Mind of Man) *(London 1902) veröffentlichte Hinton mehrere Bücher, darunter eines mit phantastischen Geschichten, von denen wir zwei in diesem Band bringen.*
Um unserer Phantasie behilflich zu sein, sich eine vierdimensionale Welt vorzustellen, stellt Hinton in der ersten Geschichte dieses Buches einen nicht minder fiktiven Bereich vor: eine zweidimensionale Welt. Er tut dies derart peinlich und unermüdlich gewissenhaft, daß man ihm eigentlich nur mit Mühe folgen kann, trotz der sorgfältigen Diagramme, die die Darstellung vervollständigen. Hinton ist kein Erzähler, er ist ein einsamer Vernünftler, der sich instinktiv in einer Welt von Spekulationen verschanzt, die ihn, den Schöpfer und Quell, nie im Stich läßt. Wie nur natürlich, wollte er sich mitteilen; das war schon in abstrakter Form mit A new era of thought *seine Absicht gewesen; in unseren Texten, die zu den* Scientific Romances (Wissenschaftliche Erzählungen) *(1888) gehören, versucht er es in Form von Erzählungen. Zu seiner geheimnisvollen Geometrie gesellte sich bei ihm ein starkes Moralgefühl; man spürt es in* The Persian King (Der König von Persien), *der dritten Erzählung in diesem Buch, die zu Beginn eine Spielerei nach Art*

von Tausendundeiner Nacht zu sein scheint und am Ende zu einem Gleichnis des Weltalls wird, nicht ohne einen unvermeidlichen Abstecher in die Mathematik.
Hinton hat seinen gesicherten Platz in der Literaturgeschichte. Seine Scientific Romances *sind früher entstanden als die düsteren Phantasiegebilde von H. G. Wells. Schon der Titel nimmt eindeutig die offenbar unerschöpfliche Flut von Science-Fiction-Literatur vorweg, die unser Jahrhundert überschwemmt.*
Könnte man nicht vermuten, daß Hintons Werk ein Kunstgriff war, um sich einem glücklosen Geschick zu entziehen? Könnte man nicht dasselbe bei allen Schaffenden vermuten?

Jorge Luis Borges

Einleitung

In der nächsten Abhandlung sollen einige Fragen behandelt werden, die sich mit dem Thema eines Raumes befassen, der auf einer höheren Ebene gelegen ist als der unsere. Dazu empfiehlt es sich zunächst, auf eine niedrigere Ebene zurückzugreifen, so daß wir uns eine konkrete Vorstellung von einer Welt in der Fläche schaffen können, einer Welt, in der die Bewohner sich nur in zwei voneinander unabhängigen Richtungen bewegen können. Schreiten wir dann von dieser Welt in unsere eigene voran, so mögen wir auf diese Weise das Rüstzeug für den Entwurf einer Welt in einer höheren Ebene finden. Gern würde ich den Leser einfach auf das herausragende Werk *Flatland* verweisen; doch beim erneuten Durchblättern seiner Seiten stelle ich fest, daß der außergewöhnlich begabte Verfasser ein anderes Ziel verfolgte, als wir es in diesem Buch tun wollen. Die physikalischen Bedingungen eines Lebens in der Fläche waren offenkundig nicht sein Hauptthema. Sie dienten ihm vielmehr als Hintergrund für seine Satiren und die Lehren, die er dem Leser geben wollte. Wir jedoch wollen vor allem die natürlichen Gegebenheiten kennenlernen.

Im Hinblick auf dieses Ziel erweist es sich als notwendig, zunächst eine klare Vorstellung davon zu gewinnen, was in einer zweidimensionalen Welt Materie wäre. Die folgende Darstellung mag dies angemessen illustrieren.

Legen wir ein Zweieinhalbschillingstück auf die glatte Oberfläche eines Tisches, und nehmen wir an, es gleite vollkommen frei auf dieser Fläche hin und her. Stellen wir uns vor, es übe rundherum eine bestimmte Anziehungskraft aus, die sich über die Fläche übertrage. Legen wir nun in seiner Nähe ein Halbschillingstück auf den Tisch, das ebenso frei auf der Fläche hin und her gleite. Nun wird sich diese zweite Münze allerdings nicht ganz so unabhängig in alle Richtungen bewegen können; denn sie wird von der Zweieinhalbschillingmünze angezogen. Unter der Einwirkung dieser angenommenen Kraft wird sie über die Tischfläche gleiten und zu einem gegebenen Zeitpunkt die größere Münze berühren. Nehmen wir nun an, daß beide Münzen relativ dünn seien, daß sie beide nur die Stärke der kleinsten Materieteilchen besäßen, so haben wir eine Vorstellung davon, wie feste Körper in einer flachen Welt aussähen.

Wir müssen davon ausgehen, daß diese Teilchen sich weder von selbst noch durch eine andere Kraft aus der Ebene erheben und sich übereinanderlegen könnten. Sie können unter keinen Umständen die Oberfläche dieser Ebene verlassen.

Überdies dürfen die Teilchen an keinem Punkt auf der Oberfläche haften, und es darf keine Reibung geben, die ihre Bewegungen behindert. Die tragende Fläche dient allein dazu, sie auf derselben Ebene zu halten und die Kraftübertragung von einem Teilchen zum anderen zu gewährleisten. Die Schwerkraft, die wir kennen und die im rechten Winkel zu dem Tisch wirksam wird, auf dem sich die Münzen befinden, hat keinerlei Einfluß auf die Bewegung der Teilchen in der Ebene, sondern sie hält sie nur in dieser Ebene fest. Jede auf die Bewegung der Teilchen wirkende Anziehungskraft überträgt sich von einem Teilchen auf das andere. Stellen wir uns das Zweieinhalbschillingstück als eine sehr große Scheibe der Materie vor und das Halbschillingstück als ein lebendiges Wesen. Dieses Wesen würde eine bestimmte Anziehungskraft spüren, die es zum Mittelpunkt der großen Scheibe zöge, und diese Anziehungskraft würde bewirken, daß es sich an ihrem Rand entlangbewegte. Würde es etwas wiegen, so würde es den jeweiligen Gegenstand mit seinem Gewicht gegen die Kraft ausbalancieren, durch die es tendenziell zum Mittelpunkt der Münze gezogen wird. Das Wesen würde die Schwerkraft nicht empfinden, durch die es auf der Fläche des Tisches gehalten wird; es würde nicht wissen, daß da eine harte, glatte Oberfläche ist, auf der es sich bewegt. Mit dieser Oberfläche wäre es schon immer in Berührung gewesen, und deshalb könnte es nicht sagen, was anders wäre, wenn es sich aus ihr erheben könnte. Es besäße keine Möglichkeit, durch einen Vergleich die Wirkung dieser Fläche festzustellen. Überdies würde es nur die Bewegungen in sämtliche Richtungen in der Ebene kennen, und es könnte sich keine anderen Bewegungen vorstellen als hin und her, hinüber und herüber. Es fällt uns nicht leicht, uns ein Wesen vorzustellen, das auf der einen Seite von einer Fläche getragen wird und auf der anderen Seite mit nichts, nicht einmal mit der Atmosphäre in Berührung kommt. Und doch müssen wir es uns genau so vorstellen, wenn wir von einem tatsächlich aus Materie bestehenden Wesen sprechen, das sich frei auf der Fläche bewegen kann. Nehmen wir an, das Halbschillingstück sei ein solches Wesen, so nimmt dieses Wesen seine Eindrücke durch den Rand auf. Der Rand ist seine Haut.

Und nehmen wir weiter an, es sei von Luft umgeben und atme, so darf die Luft, ebenso wie die kleinsten Materieteilchen, sich nicht aus der Ebene erheben. Zwar können sich die Luftpartikel untereinander frei bewegen, doch sie dürfen sich nicht von der Oberfläche dieser Ebene entfernen; sonst wären sie in der Lage, in das Innere des Körpers zu gelangen, ohne die Haut zu durchdringen. Jeder Zugang zum Inneren des Körpers muß durch eine Öffnung am Rand erfolgen; in jedem anderen Fall wäre das Wesen vollkommen von seiner Umgebung abgeschlossen.

Es ist offenkundig, daß eine Erschütterung des Tisches sich auf die darauf liegenden Münzen übertragen würde. Entweder bewegen sich die Münzen als Ganzes, oder aber ihre einzelnen Teilchen werden durcheinandergewirbelt.

Nehmen wir nun an, einige lose zusammenhängende Teilchen lägen auf einer glatten Eisenplatte, so wird sich nach einem Schlag auf die Platte ihr Schwanken und Beben auf die Teilchen auswirken, und die Erschütterung wird die dünnen Massekonfigurationen aufbrechen, in denen sie miteinander verbunden sind. Ist also das Material, aus dem die Platte besteht, im Vergleich zu der auf ihr liegenden Materie sehr dicht und zusammenhängend, so kann die auf der Platte gleitende Materie vielerlei Veränderungen unterliegen; ihre Anordnungen brechen auf und bilden sich neu, während sich gleichzeitig die alles tragende Materie in einfachen Schwingungen bewegt.

Ebenso wie die einzelnen Teilchen durch die Schwingungen und Erschütterungen der Metallplatte beeinflußt werden, auf der wir sie vermuten, können sie wohl auch eine bestimmte Wirkung auf die Platte ausüben und sie zum Schwingen bringen. Diese Schwingungen und Erschütterungen würden sich von dem Teilchen, das sie hervorruft, in jede Richtung über die Platte ausbreiten. Sie würden sich, abgesehen von einer sekundären und minimalen Bewegung, nicht in die Luft übertragen. Und die Auswirkung auf die unmittelbar danebenliegenden Teilchen wäre stark, auf die weiter entfernt liegenden Teilchen geringer und auf die weitab liegenden Teilchen kaum wahrnehmbar.

Das im folgenden dargestellte Modell eignet sich

gut dazu, uns eine klare Vorstellung davon zu geben, wie es wäre, auf einer Fläche zu leben. Es läßt uns die Voraussetzungen in einer Weise erken-

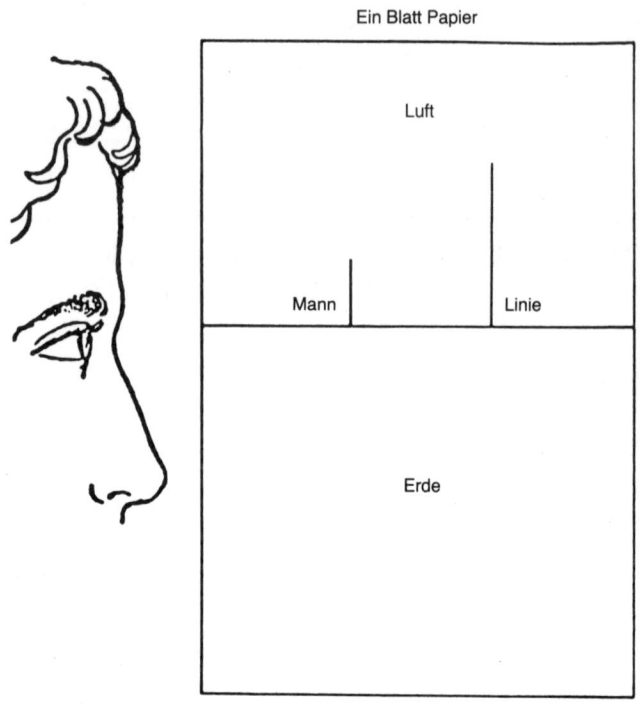

Diagramm I

nen, die uns eine Fortführung unseres Gedankengangs ermöglicht. Der Leser möge ein Blatt Papier nehmen und es hochkant vor sich halten, so daß er es mit einem Auge als eine gerade Linie wahrnimmt. Lassen wir ihn dieses Blatt so halten, daß die Linie, wie in Diagramm I dargestellt, von seinen Augenbrauen nach unten zu seinem Mund verläuft. Nun soll über eine Seite dieses Blattes eine Gerade gezogen sein, die sich vom Beobachter entfernt. Nehmen wir an, alles unterhalb dieser Geraden sei eine dünne Schicht von Materieteilchen, die eng miteinander verbunden seien und eine feste Schicht aus Teilchen bildeten, die alle das Papier berührten. Dies wäre für ein Wesen in einer flachen Welt der feste Erdboden.

Nun soll die Oberfläche des Papiers oberhalb der Geraden mit einer Schicht von Teilchen bedeckt sein, die sich untereinander frei bewegen, sich aber nicht von der Oberfläche des Papiers entfernen. Diese Teilchen sind die Luft einer solchen Welt.

Zeichnen wir nun auf diesen Erdboden eine senkrechte Linie und nehmen wir an, diese Linie stelle einen Mann dar. Eine weitere Linie bildet eine Mauer, die der Mann nicht überwinden kann; es sei denn, er stiege über sie hinweg.

Wir stellen fest, daß die Dinge auf dem Papier der Schwerkraft unterliegen. Damit stellt sich uns die Frage: Warum gleitet diese dünne Schicht aus Materieteilchen nicht von dem Papier herunter?

Nun müssen wir die Schwerkraft nicht ausschalten, sondern vielmehr versuchen, sie im Zusammenhang mit der Materie auf unserem Blatt Papier zu sehen.

Nehmen wir also an, das Blatt werde größer und größer, bis es schließlich die ganze Welt ausfülle und den Erdball in zwei Teile schneide. Entfernen wir daraufhin die ganze Welt und lassen wir lediglich auf einer Seite des vergrößerten Blattes eine dünne Schicht übrig. Diese dünne Schicht ist alles, was an Materie noch vorhanden ist. Und so haben wir eine flache Welt. Die Schwerkraft bleibt erhalten, doch sie geht von einer großen und dünnen Scheibe aus.

Soll nun diese dünne Schicht auf dem Papier haften, ist eine Kraft erforderlich, die seitlich wirksam wird, so daß die einzelnen Teilchen auf dem Papier bleiben.

Diese Kraft kann das Blatt Papier selbst ausüben: Es ist viele Teilchen dick, während die dünne Materieschicht nur ein Teilchen dick ist; damit wird das Blatt Papier die auf einer seiner beiden Seiten befindliche Materieschicht durch seine eigene Anziehungskraft halten.

Wir nehmen an, daß von dem Blatt Papier eine Anziehungskraft ausgeht, durch die die dünne Materieschicht festgehalten wird. Die lebenden Wesen auf dem Papier spüren nichts von dieser Kraft, und die Bewegungen der Materieteilchen untereinander werden von ihr auch nicht beeinflußt. Weiterhin nehmen wir eine Anziehungskraft an, die zwischen den einzelnen Materieteilchen auf der Fläche wirksam wird. Diese Kraft würden die Wesen spüren, und sie würde die Bewegung der Materieteilchen verursachen.

So setzt die Vorstellung einer flachen Welt zwangsläufig etwas voraus, worauf sie sich befindet.

Eine flache Welt

Wo die Strahlen der Sonne die Erde im Januar streifen und sich in der Dunkelheit verlieren, liegt eine geheimnisvolle Welt.
Diese Welt ist eine riesige Kugel, wie aus Glas, doch härter und nicht durchsichtig.
Und wie eine Seifenblase, die wir hervorbringen, aus einer gedehnten Membran besteht, so ist auch diese unvergleichlich große Kugel aus einer dehnbaren und stabilen Membran geformt.
Im Lauf der Jahrtausende hat sich eine dünne Schicht Staub aus dem Weltall auf ihr abgesetzt, und ihre Oberfläche ist so glatt, daß der Staub hin und her gleitet und durch seine Anziehungskraft und seine Bewegungen Verdichtungen bildet.
Er wird durch die Anziehungskraft der riesigen Membran auf der blanken Oberfläche gehalten; doch auf dieser Fläche bewegt er sich frei in alle Richtungen.

Hier und dort entstehen Verdichtungen, in denen sich unzählige der dahintreibenden Teilchen vereinigen, und wo der jahrtausendelang sich verdichtende Staub riesige Scheiben geformt hat.
Diese Scheiben sind glühend heiß; und doch gelangt kein Licht von ihnen in unser Universum.
Denn diese Welt liegt jenseits, weit jenseits des Äthers. Und wie heiß oder glühend diese Masse auch sein mag – wo kein Medium die Strahlung der Hitze überträgt, kann die Hitze sich nicht ausbreiten.
So kann sich die Hitze also nur in sämtliche Richtungen auf der Membran ausdehnen; und jede dieser glühenden Scheiben strahlt ein Licht aus, das sich über die Schwingungen der alles tragenden Membran verbreitet; denn die Hitze und die heftigen Bewegungen dieser glühenden Scheiben erschüttern die Membran und lassen sie erbeben, und wie eine dünne Seifenblase erzittert und erbebt, so zittert und bebt auch diese Membran. Und sie ist so elastisch und so fest, daß sie das Licht und die Hitze in alle Richtungen trägt. Doch die Kugel ist so riesig, so gewaltig in ihren Ausmaßen, daß die Bewegung, die von den glühenden Scheiben ausgeht, sich in nahezu geraden Linien fortpflanzt, bis sie sich schließlich nach allen Seiten in der Dunkelheit verliert, so wie sich das Kräuseln der Wellen eines großen, ruhigen Sees zur Mitte hin unmerklich auflöst.
Um diese zentralen Feuerscheiben – denn um Feuerscheiben handelt es sich hier, auch wenn sie ihr Licht nur über die Membran der Kugel schicken –,

um diese Scheiben bewegen sich in einer geregelten Abfolge andere Scheiben, die, ob warm oder kalt, nicht die Licht- und Hitzeenergie der zentralen Scheiben besitzen.

Diese doch so großen Scheiben sind im Vergleich zu der riesigen Oberfläche der alles tragenden Kugel so unermeßlich klein, daß sie sich auf einer ebenen Fläche zu bewegen scheinen. Die Krümmung der Membran, auf der sie sich befinden, ist im Vergleich zu ihrer Größe so gering, daß sie wie auf einer vollkommen ebenen Fläche Runde um Runde um ihre zentralen Scheiben drehen.

Und eine dieser Scheiben ist so geartet, daß sie für Lebewesen bewohnbar ist; denn sie ist weder so heiß wie noch lange Zeit, nachdem sie sich aus dem Staub verdichtet hatte, noch ist sie bisher so sehr abgekühlt, daß ein Leben auf ihr unerträglich wäre.

Mehr noch, sie ist durchzogen von tiefen Spalten und Höhlen, denn an vielen Orten taten sich nicht nur in einer, sondern in vielen Schichten langgezogene Höhlen und Durchgänge auf, als der Rand sich härtete und das Innere abkühlte.

Und auf dem äußeren Rand und in den Durchgängen und Höhlen leben die Bewohner, von denen ich spreche.

Sie erheben sich nicht aus der Oberfläche der Membran; denn da alle Materie nur ein Teilchen hoch auf der glatten Oberfläche liegt, liegen ihre Körper gewissermaßen auf dieser glatten Fläche.

Doch davon wissen sie nichts. Sie sagen, sie stehen und gehen aufrecht.

Ihre Scheibe besitzt nämlich eine bestimmte Anziehungskraft.

Durch genau dieselbe Kraft, die auch die Verdichtung der Teilchen aus dem Staub auf der Kugel bewirkte, wird alles angezogen, was sich in der Nähe oder auf der Oberfläche der Kugel befindet. So bedeutet «oben» für die Bewohner die Richtung vom Mittelpunkt der Scheibe zu dem Rand, auf dem sie leben, und weiter hinaus. «Unten» ist die Richtung vom Rand zum Mittelpunkt. Die dünne Schicht, aus der die Scheibe besteht, ist ihre Materie. Selbst in der Vorstellung gelingt es ihnen nicht, sich von der Oberfläche der Kugel zu lösen und ihr Leben aus der dreidimensionalen Perspektive zu betrachten. Sie bewegen sich immer und ewig auf einer Linie, einem Rand, hin und her, und sind sie zu zweit, so können sie nur hintereinander gehen.

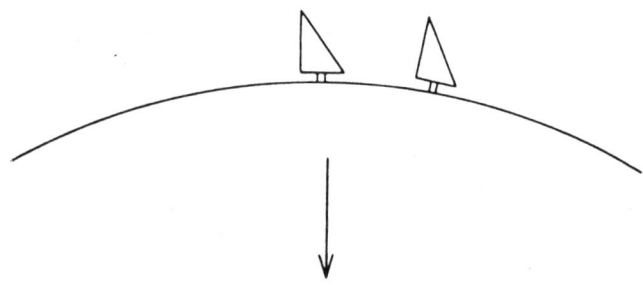

Diagramm II: Zwei Wesen, die sich auf dem Rand bewegen.

Betrachten wir die Skizze, so erkennen wir, daß die beiden durch zwei Dreiecke dargestellten Bewohner nicht aneinander vorbei können, solange sie sich nicht aus der Fläche des Papiers herauslösen.

Die Fläche des Papiers stellt die Oberfläche der Kugel dar, und auf dieser Oberfläche liegt die dünne Schicht aus Staubpartikeln, die für die Bewohner Materie ist und auf der ihre flachen Gestalten frei hin- und hergleiten, ohne sich aus ihr erheben zu können.

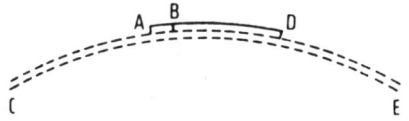

Diagramm III: Ein Ausschnitt der Membran oder der Kugel mit einer daraufliegenden Scheibe BD und einem Bewohner AB auf dem Rand der Scheibe. CE ist ein Ausschnitt der Membran, BD ein Ausschnitt der Scheibe, AB ein Ausschnitt eines Bewohners. Die Dicke der Scheibe ist stark vergrößert dargestellt, ebenso die Höhe AB des Bewohners im Verhältnis zum Durchmesser BD der Scheibe. Die auf AB wirkende Anziehungskraft hält den Bewohner auf BD fest; sowohl AB als auch BD, der Bewohner und die Scheibe, gleiten frei über die Membran CE, ohne daß AB von deren Existenz wüßte.

Wäre die Scheibe nun nicht so zerklüftet und von Durchgängen durchzogen, so könnten sich die Bewohner nur ein um das andere Mal auf dem Rand ihrer Welt im Kreis herum bewegen.
Viele unserer Wörter würden für sie nichts bedeuten. So kennen sie weder «rechts» noch «links». Stellen wir uns vor, sie blickten in die eine Richtung am Rand entlang. Schlagen sie diese Richtung ein, so gehen sie vorwärts, bewegen sie sich in die andere, so gehen sie rückwärts. Entfernen sie sich vom Mittelpunkt, so gehen sie nach oben, nähern sie sich ihm, so gehen sie nach unten. Sie haben keine Möglichkeit, sich zu drehen; denn dazu müßten sie sich von der Fläche lösen, in der sie sich

befinden. Sie wissen nicht einmal, daß sie zwei Seiten besitzen; ihre Bewegungen, Gedanken und Vorstellungen sind auf die Fläche begrenzt, in der sie leben. Diese Fläche nennen sie ihren Raum, ihr Universum; und nichts, das jenseits davon liegt, weder das Innere der Kugel noch irgend etwas außerhalb, streift ihre Gedanken auch nur als Daseinsform der Phantasie.

Dem Leben in einer solchen Welt sind enge Grenzen gesetzt. Schon ein einziges Beispiel wird dies zeigen. Wollen zwei Bewohner aneinander vorbeigehen, so bedarf es dazu einer komplizierten Anordnung, wie sie in Diagramm IV dargestellt ist.

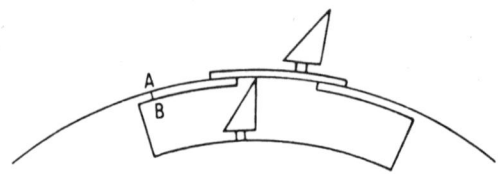

Diagramm IV: Zwei Bewohner, die aneinander vorbeigehen.

In bestimmten Abständen wurden auf dem Rand Vertiefungen und Kammern eingelassen. An den Öffnungen dieser Kammern befinden sich verschiebbare Platten oder Balken. Wollen nun zwei Bewohner aneinander vorbeigehen, so steigt einer in die Vertiefung hinab; der andere verschiebt den Balken, so daß er wie eine Brücke über der Öffnung liegt; er überquert ihn und schiebt ihn dann wieder beiseite, so daß der andere Bewohner herauskommen und seinen Weg fortsetzen kann.

Verklemmt sich durch einen unglücklichen Zufall die Platte oder der Balken, der als Brücke dient, während sich ein Bewohner in der Vertiefung befindet, so entsteht eine gefährliche Notlage. Nehmen wir an, ein Wesen sei solchermaßen eingeschlossen. Durchbricht es, weil es an Luftmangel leidet, das Verdeck an der Stelle AB, so stürzt der ganze Teil rechts von AB herunter; denn seine einzige Befestigung ist durchtrennt, wenn AB durchbrochen ist. Es ist nicht möglich, einen Durchbruch zu finden, der nicht die gesamte Tiefe der auf der Fläche liegenden Materie durchtrennt. Diese Voraussetzung muß bei allen Konstruktionen berücksichtigt werden. In die Wand eines Hauses können keine zwei Durchbrüche eingelassen werden, es sei denn, jeder ist so konstruiert, daß er verschlossen werden kann und als fester Träger die Wand stützt, solange der andere Durchbruch geöffnet ist.

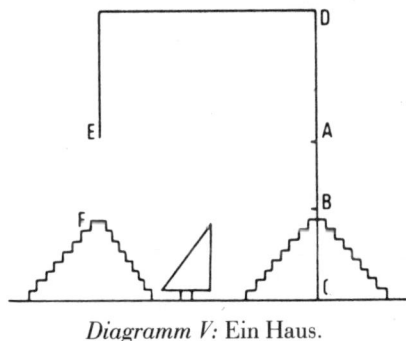

Diagramm V: Ein Haus.

In unserem Diagramm wird das gesamte Haus durch die gegenüber dem jetzt offenen Eingang EF befindliche Wand gestützt. Das Dach wird von der Seite CD getragen. Wird eine Öffnung AB in die Wand CD gebrochen, bevor der Eingang EF verschlossen ist, so fällt das Dach zusammen. Will nun ein Bewohner durch das Haus hindurchgehen, so muß EF zunächst verschlossen werden, bevor AB geöffnet wird. Die Häuser werden immer in den Durchgängen im Inneren der Scheibe gebaut, so daß die Bewohner sich auf dem Rand frei bewegen können.

Vieles könnte über das soziale und politische Leben der Bewohner dieser Scheibe gesagt werden. Doch es ist kaum erforderlich, all dies hier zu beschreiben: denn wer nach der Methode des Historikers Buckle[1] vorgeht und den Charakter eines Volkes aus seiner geographischen und natürlichen Umgebung ableitet, kann die bestimmenden Merkmale ihres Lebens und ihrer Geschichte selbst erkennen.

Ein oder zwei Bemerkungen sollen dennoch gestattet sein. Zunächst zeichnen die Bewohner sich durch eine Eigenart aus, die ich als eine grobe Polarisierung zu bezeichnen wage.

Bei den Bewohnern unserer Erde ist diese Polarisierung, die unter anderem im Unterschied zwischen den Geschlechtern zum Ausdruck kommt, gemäßigt und abgeschwächt.

In jedem Mann findet sich etwas von einer Frau, und jede Frau besitzt einige der vornehmsten Eigenschaften des Mannes.

Doch in der Welt, von der wir sprechen, gibt es keine Möglichkeit einer solchen körperlichen Ver-

---

1 Der Autor bezieht sich auf das Werk *History of Civilisation* von Henry Thomas Buckle (1821–1862), in dem aufgezeigt wird, daß die Entwicklung der Menschheit im allgemeinen wie auch gewisse Ähnlichkeiten in der Geschichte der Völker bestimmten Methoden und Gesetzen gehorcht. Buckle wendet also den wissenschaftlichen Ansatz auf historische Phenomäne an.

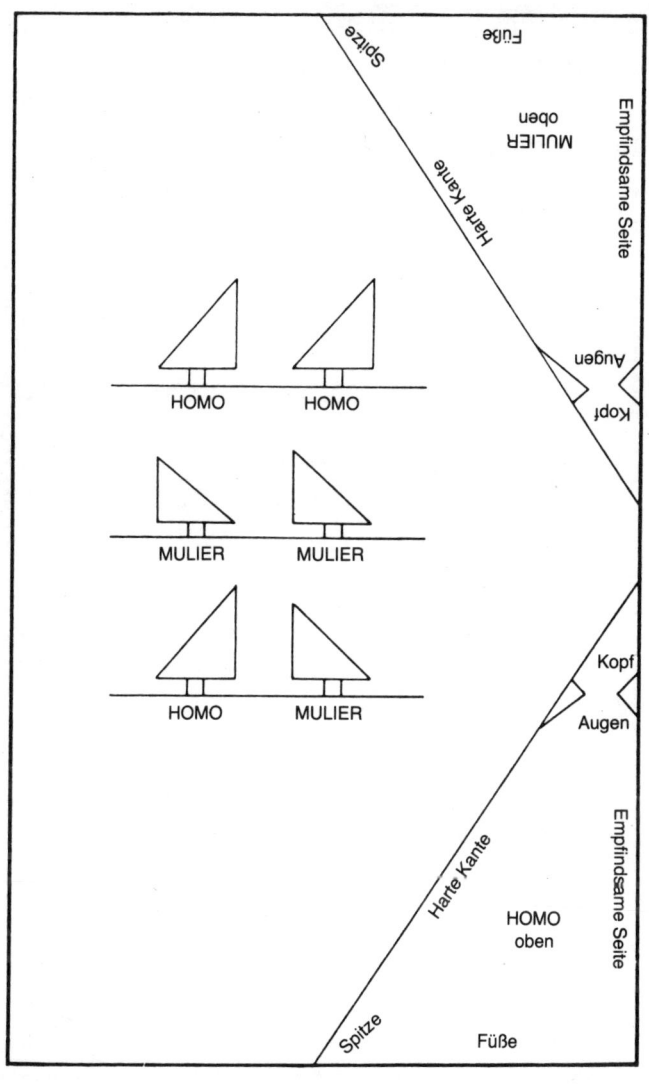

Diagramm VI

mischung. In einer linearen Daseinsform gäbe es das Bewußtsein einer Polarität nicht. Sie erscheint erst in der Ebene, und da in einer starren und unvermischten Form.

Eine so kurze Beschreibung kann nur ein Zerrbild liefern. Stellen wir uns dieser Tatsache und verschaffen wir uns ohne Skrupel einen möglichst umfassenden Überblick.

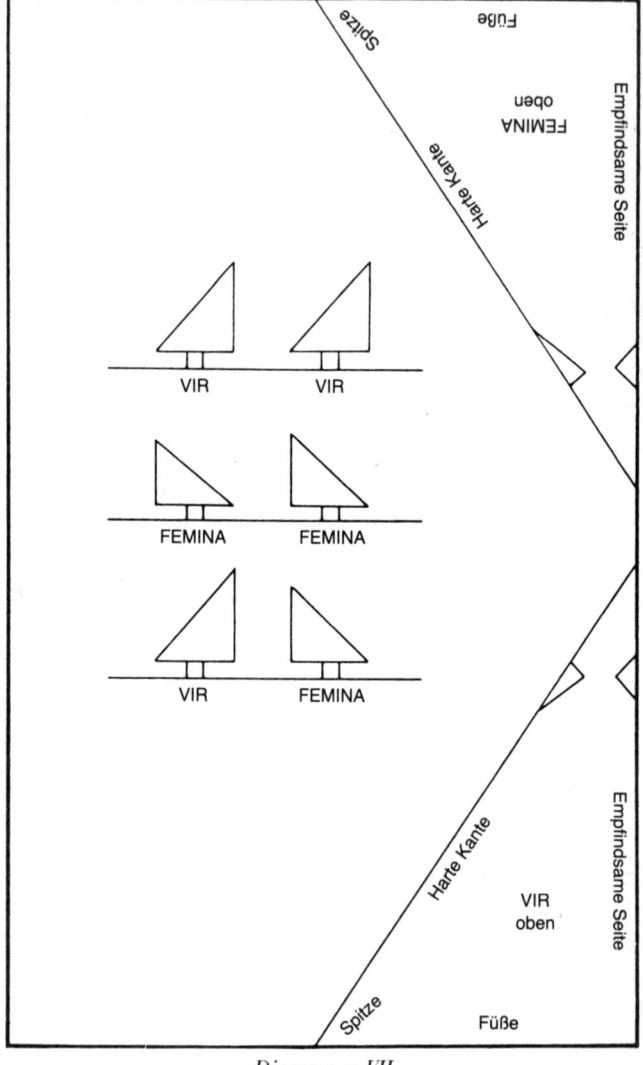

Diagramm VII

Schneidet der Leser die Dreiecke in den Ecken der Diagramme VI und VII aus, so erhält er vier flächige Wesen, zwei Männer und zwei Frauen. Die Schnittlinien sind durch eine schwarze Linie gekennzeichnet. Haben wir die beiden Männer ausgeschnitten, die wir *Homo* und *Vir* nennen wollen, so ziehen wir auf einem Blatt Papier eine Linie, die den Rand der Welt darstellt, in der sie leben. Auf diesem Rand bewegen wir sie nun und bedenken dabei, daß sie nicht übereinander hinweggleiten können. Wir erinnern uns daran, daß die Figuren die Fläche, auf die sie gesetzt sind, nicht verlassen können. Sie dürfen nicht herumgedreht werden. Die einzige Möglichkeit, aneinander vorbeizukommen, liegt darin, daß der eine dem anderen über den Kopf steigt. Sie können sich vorwärts und rückwärts bewegen. Eine genaue Betrachtung der Figuren vermittelt uns aufschlußreiche Erkenntnisse. Natürlich ist dies nur eine grobe Darstellung; doch die Eigenschaften dieser einfachen Figuren zeigen uns, daß alles in ihrem Leben komplizierten Anordnungen folgt.

Ganz offensichtlich trifft jeweils die scharfe Spitze eines Mannes auf die empfindsame oder weiche Seite eines anderen. Jeder Mann achtet ständig auf jeden anderen: Sie fürchten einander nicht nur, sondern ihre empfindsame Seite – an der sie jeden noch so geringen Eindruck wahrnehmen – ist jeweils dem anderen abgewandt.

Auf der empfindsamen Seite befindet sich das Gesicht und alle Möglichkeiten des Ausdrucks und des Gefühls. Die entgegengesetzte Seite ist mit einer

hornigen Verdickung der Haut versehen, die an der scharfen Spitze sehr fest und hart wie Eisen wird. Bewegen wir die Figuren, so zeigt sich, daß sich normalerweise niemals zwei Männer von Angesicht zu Angesicht gegenüberstehen.
In diesem Land kann es keine Freundschaft und kein vertrautes Gespräch von Mann zu Mann geben. Allein das Wort erschiene ihnen schon lächerlich; denn die einzige Möglichkeit für einen Mann, einem anderen seine empfindsame Seite zuzuwenden, ergibt sich, wenn einer von beiden bereit ist, sich auf den Kopf zu stellen. Väter halten ihre Söhne auf diese Weise, solange sie klein sind; doch die ersten Zeichen der Mannbarkeit lassen eine Abneigung gegen diese Stellung entstehen.
Betrachten wir nun zwei Frauen, *Mulier* und *Femina*, so stellen wir fest, daß sie sich ebenso zueinander verhalten wie die Männer. Sie sind ihrem Wesen nach von vornherein so geschaffen, daß sie sich ungewollt verletzen können, und ihre empfindsamen Seiten sind ihrer Natur entsprechend voneinander abgewandt.
Treffen nun allerdings *Homo* und *Mulier* aufeinander, so entsteht ein völlig anderes Verhältnis. Sie können einander nicht verletzen, und beide sind für den glücklichsten Umgang miteinander geschaffen. Nichts ist gegen die Außenwelt sicherer abgeschirmt als ein Paar von etwa derselben Größe, das jeweils die empfindsame Seite des anderen schützt und die gewappneten Kanten und Spitzen in beide Richtungen allen Ankömmlingen entgegenstreckt. Doch mangelt es dem Paar an Verständnis fürein-

ander, so daß die beiden auseinandergeraten und, auf dem Rand stehend, ihre scharfen Spitzen gegeneinander wenden, so sind sie den Spitzen und Pfeilen der Welt schutzlos ausgeliefert.

Aber selbst in diesem Fall können sie einander nicht verletzen – eine glückliche Unverletzlichkeit.

In den Annalen dieses Volkes, wie sie vor mir liegen, findet sich eine seltsame Geschichte, die für sie lange Zeit unbegreiflich war, für uns jedoch leicht zu erklären ist.

Es heißt darin, zwei Wesen, der vollkommenste *Vir* und die vollkommenste *Mulier*, lebten glücklich und in Freuden, bis die *Mulier* sich in dunkle Geheimnisse versenkte und sich ihr Äußeres eines Tages unwiderruflich in das eines Mannes verwandelte. *Vir* erkannte sie noch als dieselbe wahre *Mulier*. Doch sie stand ihm genau gegenüber, wie jeder andere Mann es auch getan hätte. Nur wenn er sich auf den Kopf stellte, konnte er seine empfindsame Seite der ihren annähern. Sie weigerte sich, ihre Verwandlung zu erklären oder ihr Geheimnis mit jemand zu teilen, doch sie sagte, sie habe in großer Gefahr geschwebt. Sie wußte seltsame Dinge über die Anatomie ihrer Mitbewohner, und die meisten medizinischen Kenntnisse dieses Volkes stammten von ihr. Doch es konnte sie nichts dazu bewegen, ihr Geheimnis zu lüften; sie sagte, ihr Innerstes sei entblößt, wenn sie es aufdeckte. Man nahm an, sie habe sich die Kenntnisse der Magie angeeignet.

Nun machten diese Kenntnisse sie aber beide nicht glücklicher, und eines Tages sagte sie voller Furcht,

sie wolle sterben oder aber wieder so aussehen wie die anderen Wesen ihres Geschlechts. Sie verschwand – vollkommen. Obwohl sie von ihren Freunden umgeben war, verschwand sie vollkommen. Und wären sie nicht wenige Tage später, als sie den harten Rand der Scheibe durchbrachen, um eine Höhlung auszugraben, zufällig auf einen Spalt gestoßen, dann hätten sie sie nie mehr lebend gefunden; denn sie lag in einem Hohlraum des lebendigen Felsens, und sie war warm und schön – ihr altes Selbst.
Sie nahm ihr Geheimnis mit in das Grab.
Für uns ist leicht zu erkennen, was geschehen war. Nehmen wir die Figur *Mulier* auf und drehen sie, so sehen wir, daß sie zwar immer noch eine Frau ist, äußerlich aber die Gestalt eines Mannes angenommen hat. Sie ist in jeder Hinsicht ein Mann. Das Verhalten, das in diesem Land zwischen Männern und Frauen normal ist, bleibt ihr verwehrt, und die glückliche Beziehung zwischen ihr und *Vir* ist zwangsläufig und vollständig zerbrochen. Wie immer wir sie bewegen – solange ihre Gestalt solchermaßen gewendet auf der Fläche liegt, können wir sie nicht mehr zu einer passenden Kameradin ihres unglücklichen *Vir* machen. Sie muß das Geheimnis entdeckt haben, wie sie sich von der Fläche erheben konnte, und durch irgendeinen Zufall die Wende vollzogen haben. Vielleicht hatte sie sich in dieser neuen Position mit der Anatomie beschäftigt – denn für einen Beobachter in dieser Position läge das Innere jedes Körpers vollkommen offen – und war dabei aus dem Gleichgewicht geraten.

Diese Anekdote habe ich jedoch nur erwähnt, weil ich eine seltsame Beobachtung beschreiben will, die damals gemacht wurde. Man stellte fest, daß die Mulier in ihrer neuen Gestalt keinerlei Ausstrahlung mehr besaß. Ich will dies erklären: Gewöhnlich ging, unabhängig von dem, was sie sagte oder tat, eine bestimmte Wirkung von ihr aus, die *Vir* ihre Gegenwart angenehm erscheinen ließ. Als sie sich nun gewendet hatte, war von dieser Ausstrahlung nichts mehr zu spüren. Die Erklärung dieses Phänomens liegt auf der Hand. Für die Bewohner der Scheibe war Licht die Bewegung an der Oberfläche der Kugel, und alle Gegenstände, die diese Bewegung nicht beeinträchtigten, waren durchsichtig. Die meisten Körper jedoch und auch die Gestalt der Bewohner waren nicht transparent, sondern hielten die Bewegungen der Membran auf und reflektierten sie, so daß vom äußeren Rand ihrer Gestalt Wellen ausstrahlten, die ihre Mitbewohner als Licht wahrnahmen. Neben diesen Lichtwellen gab es jedoch noch feinere Wellen, die nicht durch den äußeren Rand des Körpers absorbiert oder abgelenkt wurden, sondern durch ihn hindurchdrangen, als sei er transparent. Im Inneren ihrer Körper waren bestimmte Stellen, die diese feineren Wellen auffingen und sie so wahrnahmen, wie das Auge das Licht wahrnimmt. Mit diesen Rezeptoren waren bestimmte winzig kleine Strukturen verbunden, die umgekehrt die Membran in Bewegung versetzten und auf diese Weise durch die äußere Hülle der Körper hinduch ebenso winzige Wellen aussendeten. Diese Organe erfüllten keinen bestimmten Zweck, doch sie ermöglichten in gewisser Weise, daß die Bewohner einander ihre Verständigungsbereitschaft anzeigen konnten. Wie sie dies bewirkten, ist nicht ganz klar; doch sie riefen auf jeden Fall eine bestimmte vage Empfindung hervor. Als nun *Mulier* sich in der besagten Weise gewendet hatte, war das Verhältnis ihrer Gestalt zu der Membran der Kugel gestört, und es verwundert nicht, daß ihre «Ausstrahlung» verschwand.

In vielerlei Hinsicht sind die Bewohner dieser Welt sehr viel weiter entwickelt als wir. Da ihr Problem – die Materie in der Ebene – einfacher ist, sind sie einer umfassenden Kenntnis ihrer Eigenschaften näher als wir. Doch mag ihr Wissen noch so groß sein, in der Anwendung ihrer Kenntnisse sind sie nicht weit gediehen. Betrachten wir eine einzige Tatsache, so erkennen wir gleich, wie eng die Grenzen ihrer Bemühungen gesteckt sind. *Sie können den Mittelpunkt eines Rades nicht so fixieren, daß es sich um eine Achse dreht.* Betrachten wir ein Rad, eine dünne Scheibe auf ihrer Fläche. Der Mittelpunkt berührt vollständig die Oberfläche der Kugel, auf der alle Dinge frei gleiten. Wollten wir diesen Punkt fixieren, so müßten wir in die Membran eindringen – ein Ding der Unmöglichkeit, das die Bewohner sich nicht einmal vorstellen können. Schneiden sie eine Öffnung in die Scheibe, so können sie an ihren Mittelpunkt gelangen. Doch dann wird die Scheibe durch den von ihnen eingeführten Materiestab am Drehen gehindert.

Die größte ihnen mögliche Annäherung an ein Rad mit einem festen Mittelpunkt ist in Diagramm VIII

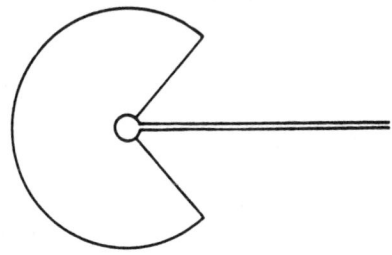

Diagramm VIII: Die größtmögliche Annäherung an ein Rad.

dargestellt. Es handelt sich um den Ausschnitt einer Scheibe, die über dem runden Ende eines in den Körper der ausgeschnittenen Scheibe eingefügten Stabes schwingt.

Ihre Wagen zeigt das folgende Diagramm. Sie sind einfach auf Rollen gelagerte Balken. Wird an dem Balken gezogen, drehen sich die Rollen, und der Balken gleitet voran – so wie ein Boot auf den Rollen gleitet, auf denen es die Matrosen an den Strand ziehen. Sobald diese Rollen durch die Vorwärtsbewegung des Wagens unter dem Balken hervorrollen, müssen sie geborgen und dann über den Balken gehoben und vorn wieder abgesetzt werden. So gehören zu jedem Wagen einige kleine Scheiben oder Rollen, die während des Fahrens von hinten nach vorn über den Wagen gehoben werden müssen.

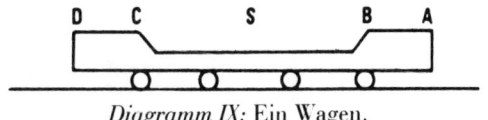

Diagramm IX: Ein Wagen.

Es gibt keine Möglichkeit, die Bewegung des Wagens in eine dauerhafte zu verwandeln. Bei jeder Rolle muß abgewartet werden, bis sie unter dem Balken hervorkommt; dann wird jede einzeln hochgehoben und nach vorn gegeben. Und damit sie vorn wieder unterlegt werden kann, muß das Seil, das den Wagen zieht, gelöst und neu befestigt werden.

Betrachten wir das Diagramm IX, so stellen wir fest, daß in den Balken, der auf den Rollen aufliegt, eine Vertiefung eingelassen ist. Auf dem Teil AB sitzt der Fahrer. In der Vertiefung BC wird die Ladung transportiert. Auf diese Weise kann die Ladung nicht über die Enden des Wagens hinabgleiten. Der Wagen enthält keine Vorrichtung, um ein seitliches Abrutschen zu verhindern.

Wie der gesamte Wagen wird auch die Ladung auf der glatten Oberfläche der Kugel festgehalten und dadurch auf der dem Leser abgewandten Seite von ihr gestützt, außerdem wird durch die Anziehungskraft der Membran verhindet, daß die Ladung sich in die entgegengesetzte Richtung bewegt.

So bilden die Oberfläche der Kugel und ihre Anziehungskraft die beiden Seitenteile des Wagens.

Die Bewohner jedoch wissen nichts von diesen beiden Seiten, und es erscheint ihnen völlig natürlich, daß sie Lasten aller Art, selbst Flüssigkeiten, sicher in einem Wagen mit zwei Enden transportieren können.

Das Zugseil ist folgendermaßen an dem Wagen befestigt: C ist der Körper des Wagens; R ist das Seil, das in einem hölzernen Haken B endet; A ist ein längliches Stück Holz. Wenn das Seil gelöst werden soll, wird A an einem Griff herausgezogen, B wird zurückgeschoben und aus der Vertiefung in C herausgehoben, und so ist das Seil vom Wagen gelöst. Befestigt wird es entsprechend.

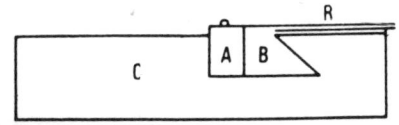

Diagramm X: Befestigung eines Seils an einem Wagen.

Viele unserer Fahrzeuge sind mit Achsen ausgerüstet. Eine lange Stange mit Rädern an beiden Enden wird um ihre eigene Achse gedreht. Für die Bewohner dieser Welt war dies nicht möglich; denn die drehende Bewegung um eine Stange hätte nicht übertragen werden können, ohne daß sie die dünne Schicht verließen, in der sie lebten. Sie übertrugen die Bewegung durch lange Stäbe, durch eine Reihe von kurzen Stäben, durch miteinander verbundene Pendel und schließlich durch Räder, die einander antrieben und die durch halb gerundete Fassungen gehalten wurden. Diese Fassungen ragten weit genug vom Rand hoch, um die Räder stabil zu halten, aber nicht so weit, daß sie sie daran gehindert hätten, ineinanderzugreifen.

Ihre Wissenschaft beschreibe ich am besten, indem ich über ihre Entstehung berichte.

Die Bewohner entdeckten, daß sie auf einer Scheibe lebten, die um einen Mittelpunkt kreiste und sich um die Quelle des Lichts und der Hitze bewegte. Sie stellten fest, daß eine bestimmte Anziehungskraft sie auf ihrer Bahn hielt. Doch diese Anziehungskraft war für sie etwas anderes als für uns. In unserer Welt setzt sich die Wirkung eines jeden Teilchens auf die umgebenden Teilchen im Raum fort; deshalb wird bei einer Verdoppelung der Entfernung vom Zentrum der Anziehung die wirksame Kraft viermal geringer als bei der ursprünglichen Entfernung.

In ihrer Welt dagegen war eine Verdoppelung der Entfernung mit einer Halbierung der bei der ursprünglichen Entfernung wirksamen Kraft verbunden; denn das Licht oder die Anziehungskraft oder jede andere Art von Kraft, die von einem Teilchen ausging, konnte sich nur über die Membran und nicht über einen darüber oder darunter gelegenen Raum ausbreiten. Hätten sie sich anstatt auf einer Membran auf einer massiven Kugel befunden, so wären dieselben Gesetze der Anziehung gültig gewesen wie bei uns. Doch die Membran, auf der sie lebten, war im Vergleich zu dem Weg, den die Lichtwellen nahmen, sehr dünn. Und so verringerte sich jede Kraft in der Ebene im gleichen Verhältnis, wie die Entfernung von der Quelle ihrer Entstehung zunahm.[1]

Nun stellte sich ihnen das große Problem zu ergründen, wie das Licht von der zentralen Scheibe zu ihnen gelangte. Sie wußten, daß ihre Atmosphäre nur wenig höher reichte als die Oberfläche ihrer Scheibe und daß sie zudem keinerlei Wellen in der Art von Lichtwellen oder Hitzestrahlen übertragen konnte.

1 Siehe Appendix

Als sie nun das Phänomen des Lichts untersuchten, gewannen sie die Überzeugung, daß sich ein extrem festes Medium zwischen ihrer Welt und der großen Lichtquelle befinden mußte.

Für uns ist leicht zu erkennen, daß dieses Medium zwischen ihnen und ihrer Sonne in Wirklichkeit die fest zusammenhängende Oberfläche der Kugel war, auf der sich ihre Scheibe bewegte. Ihre elastische Schicht sandte Schwingungen aus, die entgegen der von ihnen Materie genannten Schicht verliefen und die Materieteilchen mit sich trugen. Da die Bewohner aber keinerlei Vorstellung davon hatten, daß die Fläche, auf der sie lebten, nicht der gesamte Raum war, dachten sie, der Raum werde von einem festen Medium eingenommen. Sie stellten fest, daß die Schwingungen dieses Mediums sich rechtwinklig zum Verlauf eines Lichtstrahls übertrugen; doch sie konnten sich keine rechtwinklige Ausbreitung im Verhältnis zu ihrer Fläche, sondern immer nur in ihrer Ebene vorstellen.

Es erschien ihnen rätselhaft, wie ihre Scheibe mit einer so geringen Reibung durch dieses Medium glitt. Sie schlossen daraus, daß die Reibung unendlich gering sei. Noch rätselhafter erschien ihnen, daß das Medium offenbar undurchsichtig war; und doch konnten sie sich kein Medium vorstellen, das einen anderen Raum eingenommen hätte als den ihren. Auch die noch so vollkommene Vorstellung eines Vakuums konnte ihnen keine andere Ansicht vermitteln; denn wenn sie versuchten, ein solches zu erzeugen, wischten sie nur die Oberfläche ab, auf der sie sich befanden.

In einer Hinsicht wäre es von Vorteil gewesen, wenn sie den dreidimensionalen Raum gekannt hätten; denn nach ihrem Gesetz der Anziehung konnte ihre Bewegung um die Sonne nicht ewig dauern; sie näherten sich ihr immer mehr an. Hätten sie nur den Versuch unternommen, so wäre es ihnen vielleicht gelungen, auf irgendeine Weise Halt auf der Oberfläche zu finden, auf der sie sich befanden, und sie hätten ihre Welt und sich selbst wie ein Schiff mit Hilfe eines Kiels auf ihrer Bahn um die Sonne steuern können. Es wäre sogar vorstellbar, daß sie überall durch das Universum – das heißt, auf der Membran ihrer Kugel – hätten navigieren können.

Auch in einer anderen Hinsicht war es unglücklich, daß sie nicht erkannten, auf welchem Untergrund sich ihre Scheibe bewegte; denn sie empfanden sich allmählich als allein und völlig isoliert im Raum schwebend und fühlten sich deshalb sehr unsicher, und es mangelte ihnen an einem Gefühl der Zusammengehörigkeit mit dem übrigen Universum.

Wir haben gesehen, daß sich ihre Gesetze der Mechanik deutlich von den unseren unterschieden. Trotz allem waren sie in gewisser, wenn auch ein wenig seltsamer Weise mit unseren Grundlagen der Mechanik vertraut. Bei allen noch so weitreichenden Bewegungen blieben die sich bewegenden Körper auf der Fläche. Die kleinen Teilchen allerdings besaßen eine etwas größere Bewegungsfreiheit. Obwohl sie sich nur ein klein wenig von der Membran, auf der sie glitten, entfernen konnten, verlief diese Bewegung doch senkrecht zu ihr. So konnte eine lange Kette miteinander verbundener Teilchen als Ganzes und wie ein gewundener Draht rotieren, und viele solcher Ketten zusammen übertrugen Bewegungen, die sich vollkommen von den für große Körper möglichen mechanischen Bewegungen unterschieden.

Diese Rotationsbewegung um eine Achse in der Fläche war für die Bewohner dasselbe wie für uns die Elektrizität. Sie erschien ihnen als eine ganz rätselhafte Kraft, deren Anwendung jedoch höchst nützlich war. Da sie keinerlei Vorstellung von einer Rotationsbewegung hatten, die sich über ihre Fläche erhob, war es ihnen nicht möglich, sich das Ergebnis dieser Bewegungen zu erklären.

Wir können leicht feststellen, wie viele Formen der Kraftübertragung bei ihnen wirksam wurden. Da war zunächst die kreisende Bewegung der kleinen Teilchen auf der Fläche. Diese Bewegung kannten sie auch – sie äußerte sich in vielerlei Formen, doch weil jedes Teilchen von dem danebenliegenden in seiner Rotation behindert werden konnte, war diese Bewegung nicht geeignet, Kraft über große Strecken zu übertragen. Unter günstigen Umständen allerdings verliefen diese Rotationsbewegungen so gleichförmig, daß sie Wellen hervorriefen, die den Wellen unseres Ozeans glichen.

Darüber hinaus existierten nur noch zwei weitere Formen der Bewegung. Die eine war die nach oben und unten schwingende Vibration der Membran, auf der sich die Materie ausbreitete, die andere entstand aus der Drehung der miteinander verbundenen Teilchenketten. Die Auf- und Abbewegung der Membran erschien den Bewohnern als Licht. Alle Arten von Materie, die diese Bewegung nicht beeinflußten, nannten sie transparent; alle anderen Materiearten auf der Membran, die diese Bewegung behinderten oder zurückwarfen, nannten sie undurchsichtig.

Die Drehbewegung um eine Achse war für sie, was für uns die Elektrizität ist. Und wenn diese Drehbewegung auf die frei beweglichen und mit einer geringen Masse ausgestatteten Teilchen übertragen wurde, zeigten sich seltsame Wirkungen, die vergleichbar waren mit der Wirkung, die von einem unter Strom gesetzten Körper ausgeht. Ganz offensichtlich waren keine anderen Schwingungen oder Rotationsbewegungen möglich, da in jener Welt nichts existierte, das dem Phänomen des Magnetismus entsprochen hätte. Ihr Licht war unipolar und konnte nicht wie unser Licht in zwei Polarisationsebenen gebrochen werden.

Gab es also keinen Hinweis, durch den die Bewohner dieser Welt ihre eigene Begrenzung hätten erkennen können? Das gab es allerdings. Sowohl dieser Hinweis als auch seine Interpretation lagen offen vor ihnen. Sie wußten, daß sie zwei vollkommen deckungsgleiche Dreiecke vor sich haben konnten, die doch nie zusammenfielen, weil sie in der Ebene nicht gewendet werden konnten. Wie zwei Dinge so ähnlich sein konnten und doch so seltsam verschieden, war ihnen ein Rätsel. Als Beispiel für diese Dreiecke mögen die in Diagramm VI dargestellten Figuren des Mannes und der Frau dienen. Sie sind vollkommen gleich, und doch

können die Bewohner auf der Fläche sie nicht so drehen, daß sie gleichsinnig kongruent sind.
Doch hätten sie den Fall eines Wesens betrachtet, das in einer um eine Dimension geringeren Welt lebte, so wären sie auf die Lösung ihres Rätsels gestoßen. Betrachten wir einmal ein in seiner Existenz auf die Gerade beschränktes Wesen.

$$\text{C' } \text{B' } \text{A' } \text{M } \text{A } \text{B } \text{C}$$

M soll das Wesen sein, das die drei Punkte ABC wahrnimmt. Auf der Grundlage der Entfernung zwischen diesen Punkten gewinnt es eine Vorstellung von ihnen und ihrer Position.
Darüber hinaus nimmt dieses Wesen auch die drei Punkte A'B'C' wahr, die auf der gegenüberliegenden Seite genau gleich angeordnet sind.
Dem kann entgegengehalten werden, daß das Wesen in der Geraden sich keinen Punkt vorstellen könne, der jenseits von A liegt, daß vielmehr seine Erfahrung auf die Punkte A und A' begrenzt sei. Dieser Einwand ist berechtigt, wenn A und A' Materieteilchen sind, doch wir können ebensogut annehmen, daß sie durch Kälte oder Wärme oder ähnliches markierte Orte in der Geraden sind. Ein solches Wesen könnte sich damit in seinem Raum eine Reihe von Positionen wie A, B und C, A', B', C' vorstellen.
Vergegenwärtigt das Wesen sich nun diese beiden Anordnungen, und versucht es, sie zu analysieren, so stellt es fest, daß sie in jeder Hinsicht gleich sind. Es kann sie jedoch nicht zusammenfallen lassen;

denn verschiebt es die Anordnung ABC in der Geraden, so treffen zwar AB und A'B' aufeinander, doch C liegt gerade da, wo es nicht sein sollte. Der Punkt C befindet sich nicht auf C'. Und schiebt das Wesen C auf C', so liegt AB weit entfernt.

Das Wesen wäre also weder in der Lage, die Punkte zusammenfallen zu lassen, noch könnte es sich ein solches Zusammenfallen vorstellen.

Innerhalb seines Erfahrungshorizonts gäbe es keine Bewegung, durch die diese Punkte zusammenfallen würden.

Der Bewohner einer Fläche jedoch könnte sie leicht zusammenfallen lassen. Er nämlich würde die ganze Linie in der Ebene beugen, so daß A auf A', B auf B' und C auf C' träfe. Eine solche Bewegung würde ihn vor keinerlei Schwierigkeiten stellen. Er kann sie ausführen, weil er sich anders bewegen kann als das Wesen auf der Geraden. Er besitzt eine Bewegungsfreiheit, die das lineare Wesen gar nicht kennt.

Und warum sollte er dann nicht folgern: «Etwas für ein lineares Wesen Unvorstellbares liegt im Bereich meiner Vorstellungskraft. Sind damit nicht auch Dinge möglich, die ich mir nicht vorstellen kann? Können nicht zwei gegensinnig deckungsgleiche Dreiecke zusammenfallen, auch wenn ich mir das nicht vorstellen kann?»

In dieser einfachen, durch ständige Beobachtung feststellbaren Tatsache lag, hätte er nur hingesehen, der eigentliche Beweis, die Auflösung seiner Begrenzung, die Verheißung, im Geist ihre Grenzen zu sprengen, der Schlüssel zur Erklärung der rätselhaften, winzig kleinen Bewegungen in seiner Umgebung und vielleicht auch der Schlüssel zum Verständnis eines höheren Lebens.

Appendix

In unserer Welt sendet ein Materieteilchen, das auf die Teilchen in seiner Umgebung einwirkt, seine Strahlenenergie nicht durch die Ebene, sondern es breitet sie in alle Richtungen des Raumes aus. Das geeignetste Beispiel aus unserer Welt ist ein Lichtpunkt, der in alle Richtungen strahlt. Im Diagramm XI soll M ein solcher Lichtpunkt sein – ein Materieteilchen, das leuchtende Strahlen in unserem dreidimensionalen Raum verbreitet.

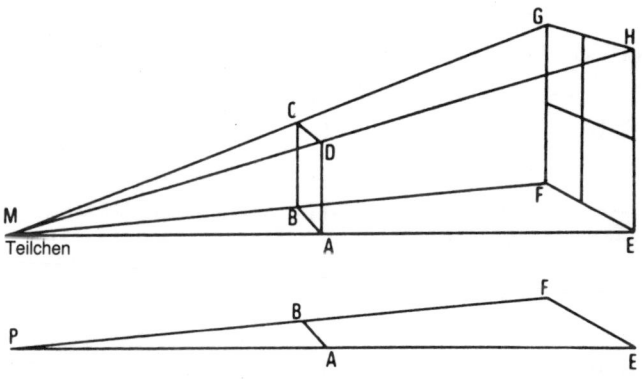

Diagramm XI: Teilchen, deren Kraft im Raum und in der Ebene wirksam wird.

Anstatt nun den Weg der Strahlen zu beobachten, die sich rund um M ausbreiten, wollen wir uns auf diejenigen beschränken, die von M ausgehen und auf das Quadrat ABCD treffen. ABCD wirft einen

Schatten, der größer ist, je weiter entfernt von M er gemessen wird. Nehmen wir an, am Ende der Strecke zwischen M und E werde ein Quadrat aufgestellt, auf dem sich der Schatten von ABCD genau abzeichnet. Dieses Quadrat soll EFGH sein. Wie die Linien zeigen, ist dieses Quadrat viermal so groß wie das Quadrat ABCD. Eine Verdoppelung der Entfernung führt also zu einer Vervierfachung des Schattenquadrats.

Würden nun die Lichtstrahlen, die auf ABCD treffen, durch das Quadrat nicht gebrochen, so würden sie sich weiter geradlinig verbreiten und genau das Quadrat EFGH abdecken. Damit würde dieselbe Lichtmenge, die auf das kleine Quadrat ABCD trifft, auf das große Quadrat EFGH treffen, wenn das kleine Quadrat entfernt würde.

Da nun das große Quadrat viermal so groß ist wie das kleine und dieselbe Lichtmenge darauf fällt – denn es treffen nur die Strahlen auf EFGH, die auch auf ABCD getroffen wären – muß jeder einzelne Punkt des großen Quadrats viermal weniger hell beleuchtet sein als jeder Punkt des kleinen Quadrats.

Würde also das kleine Quadrat eingesetzt, so erschiene es viermal heller als das große Quadrat.

Verdoppelt sich die Entfernung von einer Lichtquelle, so wird die Lichtmenge auf einer gegebenen Fläche viermal geringer als bei der ursprünglichen Entfernung.

Dies ist gemeint, wenn es heißt, das Licht verhalte sich umgekehrt proportional zum Quadrat der Entfernung. Wird die Entfernung verdoppelt, so nimmt die Lichtintensität nicht nur ab, sondern sie wird halbiert und noch einmal halbiert und verringert sich auf ein Viertel ihrer vorherigen Stärke.

Im Fall eines Teilchens, das auf eine dünne Metallplatte trifft und sie in Schwingung versetzt – wie zum Beispiel eine Metallplatte, die durch einen Violinenbogen in Schwingung versetzt wird – gilt dieses Gesetz nicht.

Nun die zweite Abbildung: P soll das Teilchen sein, und die von ihm ausgehende Wirkung soll auf den in der Ebene liegenden Stab AB treffen. Nehmen wir an, dieser Stab breche die Schwingungen, so daß sie sich nicht weiter fortsetzen, und er werfe sie so zurück, wie ein fester Körper das Licht reflektiert. Dann würde der «Schatten» von AB in die von P wegführende Richtung fallen, und ein zweiter Stab EF, der in zweifacher Entfernung PA, also in PE, niedergelegt würde, müßte, um genauso lang zu sein wie der Schatten, die doppelte Länge von AB aufweisen. Und die Schwingungen, die auf AB trafen, würden ebenso auf EF treffen. Da nun EF doppelt so lang ist wie AB, werden die Schwingungen, die auf jeden einzelnen Teil dieses Stabes treffen, halb so stark sein wie die Schwingungen, die auf jedes Teilchen eines Stabes von der Größe und in der Position von AB treffen.

Damit verringert sich die Wirkung oder Kraft eines jeden Materieteilchens in der Ebene umgekehrt proportional zur Entfernung. Sie würde sich nicht «umgekehrt proportional zum Quadrat der Entfernung» verhalten, sondern «umgekehrt proportional zur Entfernung.»

Was ist die vierte Dimension?

Heutzutage wird unser Handeln größtenteils von der Theorie bestimmt. Wir haben die einfachen und instinktiven Lebensformen früherer Zivilisationen hinter uns gelassen und orientieren uns an den Erklärungen der Wissenschaft und dem Erfindungsreichtum unserer Intelligenz. Unter diesen Umständen ist es vorstellbar, daß Gefahr nicht nur dann droht, wenn es uns an Wissen und praktischen Fertigkeiten mangelt, sondern gerade dann, wenn wir diese Fähigkeiten in irgend einem Bereich besitzen und in anderen nicht. Würden wir zum Beispiel auf der Grundlage unserer heutigen Kenntnisse von den physikalischen Gesetzen und unserer technischen Fertigkeiten Häuser bauen, ohne den Voraussetzungen der Physiologie Rechnung zu tragen, so würden wir sie wohl – um eines scheinbaren Vorteils willen – vollkommen zugfrei machen, und die bestgebauten Häuser wären voller erstickender

Räume. Das Wissen um den Aufbau unseres Körpers und die Voraussetzungen seiner Gesundheit verhindert, daß wir uns durch unsere zunehmende Beherrschung der Natur Schaden zufügen.

Ebenso wird das geistige Gleichgewicht vor den Gefahren geschützt, die sich aus einem Interesse ergeben, das sich auf Argumentationen, die keinen direkten Zusammenhang mit der Wirklichkeit aufweisen, stützen muß. Wir sollten sie dennoch nicht verwerfen. Der Lauf unseres Wissens ist wie das Fließen eines mächtigen Stromes, der auf seinem Weg durch das fruchtbare Tiefland in jedem Tal hinzugewinnt. Einem solchen Strom mag sich ein Fluß aus den Bergen hinzugesellen, der sich nach dem mühevollen Weg über die karge Hochfläche jäh in die Tiefe des größeren Stromes stürzt und im Augenblick des Zusammenfließens das Schauspiel höchster Schönheit bietet, das ein Wasserlauf uns geben kann. Ein solcher Strom ist nicht ungeeignet, um ein mathematisches Denken zu symbolisieren, das schwierige und abstrakte Bereiche durchquert und um seiner kristallenen Klarheit willen den Reichtum opfert, den es aus konkreteren Überlegungen schöpft. Ein solches Vorgehen mag sich als fruchtlos erweisen, es mag sich nie dem großen Lauf der Beobachtung und des Experiments anschließen. Doch findet es den Weg zum großen Strom des Wissens, dann bietet es im Augenblick der Vereinigung das Schauspiel höchster geistiger Schönheit, und es schenkt der Strömung neue Stärke und geheimnisvolle Kraft.

Der König von Persien

Erstes Kapitel

Es war einmal ein König in Persien. Eines Tages, als er gerade auf der Jagd war, gelangte er an den engen Eingang eines Tales. Das Tal war zu beiden Seiten von ausgedehnten Hügeln, offenbar den Ausläufern der fernen Berge, eingeschlossen. Die Ausläufer ragten ins Land hinein und umschlossen eine weite Ebene. Am Eingang des Tales, wo der König sich befand, näherten sie sich an und endeten in steilen Wänden. Eine tiefe Schlucht durchzog den Eingang des Tales. Der König, gefolgt von seinen Höflingen, galoppierte an ihr entlang und suchte eine Stelle, an der der tiefe Graben flacher gewesen wäre, so daß er hätte hinunterreiten und über den Aufstieg auf der anderen Seite das Tal erreichen können.

Doch überall, von Wand zu Wand, war die Schlucht

dunkel und tief und gab keinen Weg in das Tal frei. An einer Stelle nur hätte er hinübergelangen können. Zwei gewaltige Felsbrocken, die von beiden Seiten wie die zwei Teile des Bogens einer natürlichen Brücke über die Tiefe ragten, schienen sich dort in der Mitte zu treffen.

Der Fels erzitterte und erbebte, als der König seinem Pferd die Sporen gab. Die Felsmassen lösten sich, und der Widerhall ihres donnernden Sturzes in den Abgrund tönte herauf, bis er erstarb.

Bevor einer seiner Höflinge ihm hätte folgen können, gab einer der großen Brückenstege oder Vorsprünge nach – und die Felsenmasse stürzte krachend hinunter. Der König war allein im Tal.

«Nun denn», rief er, «das Königreich Persien ist zu diesem kleinen Fleck geschrumpft!» Und ohne sich vorerst um seine Rückkehr zu sorgen, ritt er voran. Doch als er auf seinem Roß, das mehr als zehn Meilen Wegstrecke in der Stunde zurückzulegen in der Lage war, weit in das Tal hineinritt und daraufhin wieder zum Eingang zurückkehrte, konnte er nicht die Spur einer lebenden Seele auf der anderen Seite des Abgrunds entdecken. Außer ein paar von dem berittenen Zug geknickten Rohrgräsern wies nichts darauf hin, daß seit Menschengedenken jemals ein menschliches Wesen auf der anderen Seite gestanden hätte.

Der Abend näherte sich rasch. Doch es kam niemand zurück. Wieder ritt er tief in das Tal hinein. Fast überall war es mit hochgewachsenem Gras bedeckt, doch hier und da zeigte eine dichte und verschlungene Vegetation, wie fruchtbar der Boden war, und mancherorts wurde die Ebene von klaren Flüßchen durchschnitten, die sich schließlich in der dunklen Schlucht verloren, die er gerade so tollkühn überquert hatte. Doch die steilen Wände boten keine Öffnung, durch die er aus dem Tal hätte entkommen können.

Als die Nacht hereinbrach, streckte er sich unter einem der Bäume in der Nähe der Schlucht aus, und sein treues Pferd stand ruhig neben seinem Haupt. Er erwachte, als der Mond am Himmel stand. Er sprang plötzlich auf, eilte an den Abgrund und spähte hinüber in das Land, aus dem er gekommen war. Denn es war ihm, als habe er Töne gehört, die nicht dem natürlichen Pfeifen des Windes oder dem Plätschern des Wassers glichen. Deutlich sah er auf der anderen Seite einen alten Mann in zerlumpter Kleidung an einem Felsen lehnen. In seiner Hand hielt er eine lange Pfeife, auf der er hin und wieder ein paar ausgelassene Töne spielte.

«He, Bauer!» rief der König. «Geh und sage deinem Dorfvorsteher, daß ihn der König unverzüglich sehen will, sag ihm, er soll die längsten Seile und die stärksten Werfer unter seinen Leuten herbeiholen.»

Doch der alte Mann schien ihn nicht zu beachten. Darauf rief der König: «Höre, Alter! Laufe geschwind und sage deinem Meister, daß der König hier gefangen ist und ihn mit Schätzen überhäuft, wenn er ihn rasch befreit.»

Der alte Mann erhob sich und näherte sich dem Rande des Abgrunds. Dort hielt er inne und spielte dann und wann ein paar Töne auf seiner Flöte. Der König rief: «Kannst du nicht hören? Wagst du es,

dich meinen Befehlen zu widersetzen? Ich bin der König von Persien. Wer bist du?»
Darauf legte der alte Mann seine Flöte zur Seite und antwortete: «Ich bin der, der nur erscheint, wenn ein Mensch für immer den Kreis all derer verläßt, die ihn gekannt haben. Ich bin Demiurgos, der Erschaffer des Menschen.»
Nun rief der König: «Verspotte mich nicht, sondern gehorche meinen Befehlen.»
Der alte Mann antwortete: «Ich verspotte dich nicht. Mein Herr, du hast die Marionetten bewegt, die ich gemacht, und sie dazu gebracht, auf der Erde zu tanzen, so daß ich mich dir willig beugen würde. Doch darf ich nicht vermitteln zwischen dir und der Welt der Menschen, die du gekannt hast.»
Der König schwieg.
Nach einer Weile sagte er: «Wenn du wirklich der bist, der du sagst, dann zeige mir, was in deiner Macht steht; baue mir einen Palast.»
Der alte Mann nahm seine Flöte mit zitternden Händen und begann zu blasen. Es war ein seltsames Instrument, denn es brachte nicht nur die schrilleren Töne der Laute und das durchdringende Schmettern der Trompete, sondern auch das hohle Dröhnen großer Orgelpfeifen hervor, und inmitten all dieser Töne war immer wieder ein heller und wohltönender Klang zu vernehmen, als würde ein metallenes Instrument angeschlagen.
Nun liebte es der König, sich seinen Gedanken zu überlassen; denn im Geiste ziehen zarte Schatten und kaum greifbare Nuancen vorüber. Sie sind wie die farbigen Melodien eines unsichtbaren Orche-

sters, dessen Töne doch nur sanft zu uns herüberwehen, die in unverhofften Rhythmen kommen und gehen und uns mit ihrer Schönheit überwältigen, wenn alles zu schweigen scheint.
Und siehe da, beim Klang der Melodie offenbart sich außerhalb unseres Geistes – faßbar, weit wie das Firmament oder wirklich, wie das kleinste Ding, das wir aufheben und von dem wir wissen, es ist da – eine Wirklichkeit, die wir erfahren und auf die wir zurückgreifen können.
So spürte der König, als er der Musik lauschte, daß sich hinter ihm etwas erhob. Und als er sich umwandte, gewahrte er ein großes Bauwerk, das vor seinen Augen erstand. Als er es sah, war es fast schon vollendet, selbst die letzte Verzierung der Fenster und das Maßwerk der Spitztürmchen war fertiggestellt. All dies hatte sich ereignet, während der alte Mann auf seiner Flöte blies, und als er innehielt, war alles vollendet.
Und doch war es ein seltsamer Anblick, denn ein fertiger und offenkundig bewohnter Palast erhob sich inmitten des wüsten und felsigen Ödlands. Es gab keine Häuser für die Dienstboten und keine Straßen, die zu ihm hin- oder von ihm weggeführt hätten.
«Da müßten Häuser sein und Straßen», sagte der König, «mache sie; und kornbestandne Felder und alles, was im Staat vonnöten ist!»
Der alte Mann spielte auf seiner Flöte regelmäßige und immer wiederkehrende Kadenzen und schuf Häuser, die eng zusammenstanden oder einzeln an den Straßen lagen, welche sich in die Ferne er-

streckten, und hier und da, wo sie einen Hügel überquerten, überaus deutlich zu sehen waren. Und ganz in der Nähe waren Kornfelder und Weideland zu erkennen.
Doch als der König sich umwandte, um in die neue Szenerie hineinzugehen, lachte der alte Mann. «All dies ist ein Traum», rief er, «dies kann ich tun, doch nicht sogleich.» Er entlockte seiner Flöte eine Kaskade von Tönen und fuhr fort: «Dies kann sein, doch ist es noch nicht.»
«Wie», fragte der König, «ist all dies nur Täuschung?» Und während er fragte, sank alles in sich zusammen. Da war kein Palast mehr, keine Häuser und Felder, nur noch das von den steilen Wänden abgeschlossene Tal, durch das der König geritten war, und sein Pferd, das sich hinter ihm ausgestreckt hatte.
Der König rief: »Du bist ein mondsüchtiger Einsiedler, der einsam seiner Torheit lebt. Geh zu dem Dorf, das du kennst und bring mir Hilfe.»
Doch der alte Mann antwortete: «Großer König, ich muß Eure Befehle befolgen, und ich lege Euch all meine Schöpfungskraft zu Füßen; und seht, inmitten dieses Tales erschaffe ich Euch die Dinge, die ich zu schaffen vermag. Und alles, was Ihr gesehen habt, ist nichts gegen das, was ich für Euch tun kann. Habt Ihr jemals in Eurem Leben in die stillen Tiefen des Ozeans geschaut und Euren Blick in die Tiefen versenkt, die noch niemals ein menschliches Auge gesehen hat? Selbst dann werdet Ihr kein Ende finden, in dem, was ich Euch geben werde. Habt Ihr jemals in Eurem Leben die Tiefe in den

blauen Augen Eurer Liebsten gesucht und darin eine Welt gefunden, die kein Ende hat? Selbst dann lege ich Euch alles zu Füßen. Seht, jetzt, da alle Freuden der Welt Euch verlassen haben, bin ich Euch ein willigerer Diener, als Ihr jemals einen gehabt habt.»

Und wieder spielte er, und es entstand eine Hütte mit einem Stück gerodetem Land darum und einer Quelle in der Nähe.

Darauf sagte der König: «Hier will ich bleiben, und muß ich von der übrigen Welt geschieden sein, so will ich in diesem Tal ein friedvolles Leben führen.»

Die Sonne ging auf, kein Ton war mehr zu hören, und der alte Mann war verschwunden.

Zweites Kapitel

Langsam ging er zu dem Acker und klopfte an die Tür der Hütte. Er rief laut. Niemand antwortete.

Er trat ein und blickte in das einfache, schmucklose Innere. Zwei Gestalten lagen darin, halb an die Wand gelehnt, und einige Gerätschaften waren in dem Raum verstreut. Doch als er zu den Gestalten sprach, antworteten sie nicht, und als er ihre Arme berührte, fielen sie kraftlos zu Boden und blieben dort liegen. Den König überkam die schreckliche Furcht, er könnte so werden wie sie. Er ließ sie allein und suchte erneut nach einem Weg hinaus, doch vergebens. Und an diesem Abend suchte er wieder den alten Mann und fragte, was das für Gestalten seien.

«Denn obwohl sie in Gestalt und Körper einem Kinde gleichen», sagte er, «tun sie nichts und scheinen sich nicht bewegen zu können; liegen sie in einem Zauberschlaf?»
Der alte Mann kam an den Rand des Abgrunds und antwortete mit feierlicher Stimme: «Oh, mein König, Ihr wißt noch nicht, von welcher Art der Ort ist, an dem Ihr Euch befindet. Denn diese Kinder sind in Gestalt und Körper wie die Kinder, die Ihr immer schon gekannt habt. Ich habe sie so erschaffen, wie es mir gegeben ist. Doch hier in diesem Tal herrscht ein Gesetz, das sie an den Schlaf und an die Ohnmacht kettet. Denn in jedem Tun ist hier so viel Schmerz wie Freude. Bereitet es Freude, einen Hügel hinabzugehen, so bereitet es ebenso viel Schmerz, ihn hinaufzusteigen. In allem Tun liegt Freude und Schmerz, und alle Kräuter besitzen für diese Wesen einen bitteren und einen süßen Geschmack, die beide so untrennbar miteinander verbunden sind, daß Freude und Schmerz sich die Waage halten, wenn diese Wesen von den Kräutern essen. Und mit zunehmendem Hunger nimmt das Gefühl der Bitterkeit zu; so ist es niemals angenehmer zu essen als nicht zu essen. Nichts, das hier getan werden kann, ist weniger schmerzhaft, als es angenehm ist, von der größten Tat bis zur kleinsten Bewegung. Und so, wie ich die Wesen erschaffen kann, suchen sie die Freude und meiden den Schmerz. Und gleichen Freude und Schmerz sich aus, dann bewegen sie sich überhaupt nicht mehr.»
«Das ist nicht möglich», sagte der König.
«Nun denn», antwortete der alte Mann, «ich will

Euch beweisen, daß es ist, wie ich Euch gesagt habe.» Und er erklärte dem König, wie es möglich wäre, die Kinder zum Handeln zu bewegen, denn er zeigte ihm, wie er jede Handlung von einem Teil ihres Schmerzes befreien und sie eher angenehm als schmerzhaft machen könnte. «So könnt Ihr die Wesen, die ich Euch gegeben habe, zu jeder Handlung bewegen», sagte der alte Mann, «doch die Bedingung ist, daß Ihr selbst den Schmerz übernehmt, den Ihr ihnen erspart.» Und er hieß den König von den Rohrgräsern schneiden, die am Rande der Schlucht wuchsen, und er sagte ihm, wenn er sie zwischen sich und ein anderes Wesen halte, dann könne er einen Teil des Schmerzes übernehmen, und im Gefühl des anderen Wesens bleibe nur die Freude und der Teil des Schmerzes zurück, den er nicht auf sich genommen habe.

Darauf schnitt der König von den Rohrgräsern am Rande der Schlucht. Er ging zu der Hütte, in der die Wesen lagen, nahm die Gräser in die Hand und hielt eines davon zwischen den Körper des Kindes und sich selbst. Und das Kind stand auf und ging, während er selbst Schmerzen in seinen Gliedern fühlte. Und er sah, daß das Kind den Teil seines Körpers bewegte, in dem er den Schmerz aufnahm. Wollte er, daß das Kind etwas ansah, so ertrug er den Schmerz in seinen Augen, und das Kind sah mit Freude dorthin, wo er es gewollt hatte. Und ertrug er einen bitteren Geschmack in seinem Mund, dann empfand das Kind das Essen als angenehm, und es pflückte Früchte und aß sie.

Darauf nahm der König zwei Gräser, und die

Kinder bewegten sich beide, und sie gingen zusammen überall dahin, wo er wollte. Doch sie hatten nicht die geringste Vorstellung von dem Einfluß, den der König auf sie ausübte. Sie erkannten einander und spielten miteinander. Sie sahen den König und beachteten ihn auch in gewisser Weise, doch sie wußten nichts von seinem Einfluß auf sie. Denn daß er ihren Schmerz übernahm, empfanden sie als Freude an diesem oder jenem. Sie empfanden seinen Einfluß als ihren eigenen Antrieb.

Und so ging der König den ganzen Tag mit ihnen. Er führte sie durch das Tal und ertrug den Schmerz jedes Schrittes, so daß die Kinder nichts als Freude empfanden. Als jedoch die Nacht hereinbrach, führte er sie zurück in die karge Hütte, in der er sie gefunden hatte. Er führte sie, indem er ihnen den Schmerz ihrer Schritte in diese Richtung, nicht jedoch in irgend eine andere Richtung nahm.

Und als sie in der Hütte angelangt waren, nahm er die Rohrgräser zurück. Die Kinder versanken sogleich in jenen leblosen Zustand, in dem er sie gefunden hatte. Sie bewegten sich nicht.

Und als die Nacht hereingebrochen war, suchte der König erneut den Rand der Schlucht auf.

Als er über die Schlucht hinwegblickte, sah er die sandige Öde des Landes, aus dem er gekommen war, und die großen Steine, die im Lichte des Mondes fahl und grau jenseits der Schlucht verstreut lagen. Und da entdeckte er auch, im Schatten eines Felsens auf der anderen Seite, die Gestalt des alten Mannes.

Er rief ihn und hieß ihn näherkommen. Und als der

alte Mann ihm gegenüber stand, bat er ihn, ihm zu sagen, wie er die Wesen dazu bringen könnte, sich zu bewegen, ohne daß er so viele Schmerzen ertragen müßte.

Und der alte Mann nahm seinen Stab in die Hand, und er hielt ihn über die Tiefe auf den König gerichtet.

«Seht, oh König, Euer Geheimnis», rief er. Und er schlug mit seiner anderen Hand auf den Stab, so daß dieser in die Tiefe zeigte. Der Stab schwang viele Male hin und her und kam schließlich wieder zur Ruhe.

Nun bat ihn der König, ihm zu sagen, was dies bedeuten solle.

«Ihr wart», antwortete der alte Mann, «wie einer, der den Stab hin- und herschwingen lassen will und der jede Bewegung einzeln ausführt und den Stab mit seiner Hand nach oben hebt, so oft er nach unten fällt. Doch seht, wenn ich ihn in Bewegung versetze, schwingt er viele Male von selbst, sowohl abwärts als auch aufwärts, bis die Bewegung, die ich ihm gab, verloren ist. So müßt Ihr diese Wesen durch Freude und Schmerz führen und selbst nur den Unterschied, nicht aber den ganzen Schmerz ertragen.»

«Muß ich also», fragte der König, «Schmerzen ertragen und diesen Wesen dadurch einen Vorrat an Freude geben und sie dann sich bewegen lassen, bis dieser Vorrat erschöpft ist?»

Der alte Mann antwortete: «Kann ich irgendein Geheimnis vor Euch haben? So hört, oh König, und ich will Euch sagen, was sich hinter den Erschei-

nungen der Welt verbirgt. Was ich Euch gezeigt habe, ist ein äußeres Zeichen und Symbol dessen, was Ihr tun sollt, doch es liegt weit außerhalb jener geheimnisvollen Bereiche, in die ich Euch führen werde. Wohl könnt Ihr diesen Wesen einen Vorrat an Freude geben, und sie würden sich bewegen, bis er ganz zur Neige gegangen wäre; doch dann wärt Ihr einer von ihnen. Ihr müßtet den schmerzhaften Teil eines Tuns übernehmen und ihnen den angenehmen Teil überlassen, und so wärt Ihr in dieselbe Kette von Handlungen verstrickt wie diese Wesen selbst. Denn seht meinen Stab, wie er zu schwingen beginnt. Nicht ich mache die Bewegung, die ihm übertragen wird; diese Bewegung war schon in meinem Arm, und als ich mit meinem Arm auf den Stab schlug, war es, als hätte ich einen zweiten Stab fallen lassen, der im Fall seine Bewegung an den Stab weitergab, den ich in der Hand hielt.»
«Und wohin geht die Bewegung, wenn der Stab aufhört zu schwingen?» fragte der König.
«Sie geht in die feineren Teilchen der Luft und von da aus immer weiter. Dort gibt es eine endlose Kette, ganz so, als gäbe es zahllose Stäbe, größere und kleinere, und wenn einer von ihnen nach unten fällt, dann bewegt er sich wieder nach oben oder gibt diese Bewegung an einen anderen oder an andere weiter. Doch, oh König, ich will Euch an den Anfang dieser langen Kette führen und Euch an einen Ort geleiten, an dem Ihr nicht sagen mögt, ich will dies tun, oder ich will das tun, sondern an dem Ihr sagen könnt, diese ganze Kette von Bewegungen soll sein oder soll nicht sein. Denn betrachtet Ihr das

Schwingen dieses Stabes, so seht Ihr, daß er sich so weit nach oben wie nach unten und so weit nach rechts wie nach links bewegt. Und fielen die Bewegungen, die er ausführt, zusammen, so käme er zur Ruhe. Seine Bewegung ist nichts anderes als eine in gleich geartete und entgegengesetzte Bewegungen aufgeteilte Ruhe. Und was Ihr Ruhe nennt, sind mannigfaltige Bewegungen. Euer soll es sein, oh König, das Nichts zu durchbrechen und die Dinge werden zu lassen. Denn hört, oh König, ich habe Euch diese Wesen im Tal nicht dazu gegeben, daß Ihr sie zu äußerlichen Handlungen bewegt, sondern ich habe sie Euch gegeben, damit Ihr ihre Leblosigkeit durchbrecht und sie leben laßt. Und wisset, oh König, daß alle Dinge in diesem Tal bis hin zu den kleinsten so ruhig sind wie die, die Ihr gefunden habt. Ohne mich würde sich nicht das kleinste Teilchen dort bewegen. Jedes Teilchen hat die Fähigkeit, Schmerz und Freude zu empfinden, doch nach dem Gesetz des Tales sind sie gleich stark. So bewegt sich kein Teilchen von sich aus. Ich jedoch bringe es in Bewegung, und alle Dinge in diesem Tal bewegen sich früher oder später dahin zurück, woher sie gekommen sind. Die Flüsse, die weit entfernt im Tal ihre Wasser sammeln, führe ich dahin, wo sie in die Tiefe stürzen, die zwischen uns liegt. Dort lösen sie sich auf in kleinste Fragmente, und ich lasse jedes Fragment wieder an den Ort zurückkehren, von dem es zu Anfang kam. Und, oh König, da all diese Bewegungen enden, wo sie beginnen, gibt es nicht mehr Freude als Schmerz. Sie sind nichts als die durchbrochene

Leblosigkeit der Ruhe. Doch werden die Teilchen ihre Reise nicht von selbst aufnehmen. Ich ertrage den Schmerz ihrer Bewegung auf dem Weg, den ich einem jeden bestimme.»
«Und wie», rief der König aus, als er an die Schmerzen dachte, die ihm die Bewegung der Kinder bereitet hatten, «kannst du all diese Schmerzen ertragen?»
«Es sind nicht viele», antwortete der alte Mann, «und wären es mehr, so würde ich sie gern für Euch erleiden. Denkt nur an ein Teilchen, das den ganzen Weg zurückgelegt hat, von dem ich zu Euch sprach – es wird diese Reise unternehmen, wenn alles in allem genommen die Freude auch nur ein wenig den Schmerz überwiegt, und so ist, obgleich ich für jeden Augenblick der Bewegung eines jeden Teilchens den Unterschied in der Stärke von Schmerz und Freude auf mich nehme, der Schmerz für ein jedes Teilchen so gering, daß mir der Lauf, durch den die Natur sich in diesem Tal bewegt, nur eine leichte Last ist. Und wißt, daß alles für Euch bereit ist, oh König. Ich tat alles, was in meiner Macht stand. Alles, was in der Natur geschieht, jede Eigenschaft des Bodens, jede Pflanze und jedes Gras, das ich erschaffe, alles bis hin zu den Wesen, die Ihr gefunden habt, kann ich vervollkommnen. Diese Wesen sind mein letztes Werk, und ich lege sie in Eure Hände.»
Und als er dies gesagt hatte, ließ der alte Mann seinen Stab fallen; er führte beide Hände zu seiner Brust und schien ihr etwas zu entreißen, das er mit beiden Händen zu dem König herüberschleuderte.

Einen Augenblick lang konnte der König nichts erkennen, doch bald bemerkte er ein Leuchten über der Schlucht. Ein schwaches Licht trieb auf ihn zu. Als der Glanz sich näherte, sah er, daß es ein Punkt war, in dem sich unzählige Strahlen vereinten, und von dem aus unzählige helle Strahlen in alle Richtungen zeigten.

«Nehmt dies», rief der alte Mann, «die Strahlen erreichen alles im Tal. Sie durchdringen und berühren alles, was Ihr wollt.»

Der König nahm die Strahlen und setzte sie sich auf die Brust, von dort nahmen sie ihren Ausgang, und mit ihrer Hilfe berührte er jeden Teil des Tales. Und als er an die Hütte dachte, in der die Kinder lagen, gewahrte er durch die Strahlen, die sich dorthin richteten, daß die Wände schwankten und auf die Kinder fallen könnten. Und durch seine Strahlen wußte er, daß die Kinder dies mit stumpfem Gleichmut wahrnahmen; doch da es in ihrem Leben nicht mehr Freude als Schmerzen gab, fanden sie es nicht schöner, aufzustehen und sich zu bewegen, als ruhig zu liegen und begraben zu werden.

Doch wie er es zuvor mit Hilfe der Rohrgräser getan hatte, übernahm der König auch jetzt durch die Strahlen den Schmerz der Bewegung, und die Kinder erhoben sich und verließen die Hütte; und bald waren sie bei dem König und sprangen und hüpften, wie niemals zuvor Kinder gesprungen und gehüpft sind, mit verzückten Bewegungen und überschwenglichen Gefühlen. Doch wie sie so sprangen und rannten, fühlte der König einen immer größeren Schmerz in seinen Gliedern. Immer noch empfand er Freude daran, sie bei ihrem ausgelassenen und fröhlichen Spiel zu beobachten, und er wollte, daß sie ihre reglose Apathie von sich abwarfen. So zog er die ganze Nacht lang mit ihnen umher und dachte an die übermütigsten Dinge, die sie tun könnten, und er führte sie durch Tanz und Spiel, durch jede Bewegung und Beschäftigung, die ihm in den Sinn kam.

Schließlich begann die aufgehende Sonne, die Luft zu erwärmen, und der König war vor Schmerzen so erschöpft, daß er sie nicht mehr für die Kinder übernahm.

Nach wenigen matten Bewegungen sanken die Kinder völlig leblos an einer flachen Böschung nieder. Der König schaute sie an; es schien unvorstellbar, daß sie dieselben Kinder waren, die noch vor wenigen Augenblicken so fröhlich umhergerannt waren. Bis hierhin hatte er noch keinen Gewinn durch die Strahlen, die der alte Mann ihm gegeben hatte, nur konnte er die Kinder leichter berühren.

Müde wandte er sich um und schaute um sich. Dort stand sein Pferd. Anstatt jedoch zu wiehern und zu ihm herzulaufen, um ihn zu begrüßen, stand das treue Tier still und sah über die Schlucht hinweg.

‹Vielleicht›, dachte der König ‹kann ihm ohne meine Last und mit der Kraft, die ihm diese Strahlen verleihen, der Sprung gelingen.›

Das Pferd stand vor den Überresten der natürlichen Brücke, über die die beiden tags zuvor die Schlucht so tollkühn überwunden hatten. Der König berührte es mit seinen Strahlen. Als habe man ihm plötzlich die Sporen gegeben, sprengte es voran und stieß sich mit einem wilden Sprung von den Überresten des Brückenbogens ab. Seine Vorderhufe erreichten den gegenüberliegenden Rand, und in einem furchtbaren Kampf zog es sich hinauf auf den festen Grund. Dort stand es still. Mit einem Krachen stürzten die Überreste der Brücke in die Kluft, so daß die weite Spalte an keiner Stelle mehr enger war. Das Pferd sah über die Schlucht zurück. Doch obgleich es der König bei seinem Namen rief, beachtete ihn das treue Tier, das auf den leisesten Wink zu gehorchen pflegte, nicht. Wenige Augenblicke später galoppierte es über den Pfad, der von den Höflingen eingeschlagen worden war.

Drittes Kapitel

Nachdem so der König allein mit den Kindern zurückgeblieben war, überlegte er, was zu tun sei. Er lenkte seine Strahlen auf eines der Kinder und ließ es sich erheben; und dem Rat des alten Mannes folgend, überlegte er sich eine Handlung. Er dachte an das Gehen und löste es in zwei Handlungen auf, nämlich in die Bewegung des rechten und die Bewegung des linken Fußes. Und er trennte die Leblosigkeit, in der das Kind verharrte, in Freude und Schmerz, so daß die Freude mit der Bewegung des rechten Fußes und der Schmerz mit der Bewegung des linken Fußes verbunden war. Sogleich bewegte das Kind seinen rechten Fuß, der linke jedoch blieb reglos. Das Kind hatte sich die Freude genommen, doch der Schmerz war übriggeblieben, oder anders gesagt, da der König Freude und Schmerz mit zwei Handlungen verbunden hatte, hatte das Kind die angenehme Handlung ausgeführt und die schmerzhafte nicht.

Nachdem der König eine Zeitlang gewartet hatte, um zu sehen, ob das Kind sich bewege, übernahm er den Schmerz für die Bewegung des linken Fußes, und sofort bewegte ihn das Kind, und sobald es ihn wieder auf die Erde gesetzt hatte, bewegte es den rechten Fuß und führte damit die angenehme Handlung aus. Dann jedoch hielt es inne. Und keinerlei Maß an Schmerzen, die der König für den linken Fuß übernahm, konnte das Kind dazu bewegen, normal zu gehen. Sobald er aufhörte, den Schmerz für die Bewegung des linken Fußes zu übernehmen, stand es mit dem rechten Fuß nach vorn gestreckt still. Schließlich wandte der König seine Aufmerksamkeit von den Bewegungen des Kindes ab, und es verfiel wieder in seine frühere Leblosigkeit.

Den Rest des Tages verbrachte der König mit Überlegungen und mit Versuchen, die er mit den Kindern anstellte. Doch es war ihm nicht mehr Erfolg beschieden als zuvor. An welche Handlung er auch dachte, sie führten immer den angenehmen Teil aus und zeigten keinerlei Anzeichen, auch den schmerzhaften zu übernehmen.

Als die Dunkelheit hereinbrach, sah der König den schwachen Lichtschein seiner Strahlen: Hätte er nicht von ihnen gewußt, so hätte er sie kaum wahrgenommen.

Und nun wagte er einen neuen Versuch. Er nahm

einen der Strahlen, löste ihn von den übrigen und setzte ihn auf den Körper eines der Kinder, so daß er von dem Körper des Kindes ausging und wieder zu ihm zurückkehrte. Dann ließ er das Kind aufstehen und versuchte wieder, es zum Gehen zu bewegen. Seine Überlegung war folgende: Das Kind brauchte, um eine schmerzhafte Handlung auszuführen, die Fähigkeit, seinen eigenen Schmerz zu ertragen, und da die Strahlen es ihm ermöglichten, den Schmerz der Kinder zu ertragen, könnte der Strahl, der von dem Kind ausging und wieder zu ihm zurückkehrte, es in die Lage versetzen, seinen eigenen Schmerz zu ertragen. Nun teilte er wie zuvor die Leblosigkeit in Schmerz und Freude. Das Kind bewegte den rechten Fuß, und dann sah er, daß es tatsächlich den linken Fuß in Bewegung setzte. Doch es machte keinen ganzen Schritt, und nach der nächsten Bewegung des rechten Fußes rührte sich der linke gar nicht mehr.

Wieder und wieder unternahm der König den gleichen Versuch, doch seine Mühe war vergebens. Er konnte sie zu einer abgebrochenen Bewegung des linken Fußes veranlassen, doch zu mehr nicht. Der König verbrachte viele Stunden über dieser Frage. Plötzlich kam ihm die Ursache seines Mißerfolges in den Sinn. «Natürlich», sagte er zu sich selbst, «sie bewegen sich nicht, weil ich vergessen habe, einen Teil ihres Schmerzes zu übernehmen. Würden sie ihren linken Fuß weiter bewegen, dann würde nicht die Freude überwiegen.»

Und er unternahm einen weiteren Versuch mit einem der Kinder. Das Kind bewegte den rechten

Fuß und setzte dann den linken in Bewegung. Nun übernahm der König mit Hilfe seiner Strahlen einen Teil des Schmerzes, der aus der Bewegung des linken Fußes entstand, und mit dieser Hilfe vollendete das Kind seinen Schritt. Danach bewegte es natürlich den rechten Fuß, weil es Freude daran empfand, und dann übernahm der König wieder einen Teil des Schmerzes für die Bewegung des linken Fußes, und das Kind vollendete seinen zweiten Schritt. Es ging.
Diese Schwierigkeit war überwunden. Die Kinder bewegten sich bald hierhin und dorthin, wie die vorbeihuschenden Schatten der Nacht, und der König spürte nur die Andeutung eines Schmerzes. Die Kinder kamen zu ihm und sprachen mit ihm, wenn er den Unterschied zwischen dem Maß an Freude und Schmerz übernahm, so daß sie das Sprechen als angenehm empfanden. Doch hatten sie keinerlei Vorstellung von dem Einfluß, den er auf sie ausübte, denn weil er dieses Maß an Schmerzen übernahm, empfanden sie ihr Tun als angenehm, und sie spürten in sich selbst einen Grund für ihr Handeln, den sie nicht im geringsten mit dem Wesen in Verbindung brachten, das außerhalb ihrer selbst war und mit dem sie sprachen. Sie betrachteten den König als ein Wesen, das mächtiger war als sie und das ihnen wohlgesonnen war.
Sobald der König die Gewißheit hatte, daß er seine Pläne verwirklichen konnte, ließ er die Kinder wieder in ihre Leblosigkeit versinken, um weitere Überlegungen anzustellen. Er hatte vor, mit den Kindern einen Staat zu bilden, wie er ihn auf Erden

gekannt hatte – einen Staat mit der Geschäftigkeit und dem regen Treiben eines Königreichs, so wie das Reich, in dem er früher geherrscht hatte. Er erinnerte sich an den Palast, den der alte Mann ihm gezeigt hatte. In seiner Phantasie sah er die fruchtbaren Felder mit den Straßen, die sie durchzogen; und er sah den reichen Lebensstrom eines mächtigen Staates vor sich. So bestimmte er von nun an immer ihr Tun, er förderte ihre Fähigkeiten und lernte, sie zu führen. Und wie wir beim Lesenlernen zunächst ganze Wörter erfassen, die später in Buchstaben zerlegt und zu neuen Wörtern zusammengesetzt werden, dachte er zunächst an schwierigere Handlungen, wie das Gehen, und verband die Augenblicke der Freude und des Schmerzes mit den einzelnen Handlungen, aus denen sie sich zusammensetzten. Später jedoch wandte er sich den einfacheren Handlungen zu, von denen eine große Zahl notwendig war, damit die Wesen gehen konnten, und er verband Schmerz und Freude mit den einzelnen Teilen dieser einfachen Handlungen.

Zu Anfang führten die Wesen diese und nur diese Handlungen bewußt aus, doch er hatte die Absicht, sie komplizierte Dinge tun zu lassen und entwickelte deshalb ihr geringes Auffassungsvermögen, so daß sie schwierigere Handlungen ausführen konnten. Die einfachsten Dinge taten sie nun instinktiv und ohne zu wissen warum. Doch immer, wenn der König den Unterschied zwischen ihren Schmerzen und ihrer Freude nicht übernahm, brachen auch diese scheinbar automatischen Handlungen ab.

Der König sah, daß die Verwirklichung seiner

Pläne in gewissen Zeitabständen auf Schwierigkeiten stieß. Immer wieder versanken die Wesen in einen Zustand der Leblosigkeit. Er erlitt genug Schmerzen, um sie alle gewohnheitsmäßigen Dinge tun zu lassen, doch jede zusätzliche Schwierigkeit und jedes zusätzliche Hindernis, die der König nicht vorausgesehen hatte, war zuviel für sie, und sie versanken wieder in ihre Reglosigkeit. Um dem abzuhelfen, übernahm er für jede Handlung ein geringes Maß an Schmerzen mehr als zu Beginn. So verwandte er einen Teil seiner Fähigkeit, Schmerzen zu ertragen, um den alltäglichen Handlungen mehr Stabilität zu verleihen. Und der so erzielte Überschuß an Freude ließ die Wesen eine unbestimmte Freude an ihrer Existenz empfinden, so daß sie am Leben hingen.

Bei der Verwirklichung seiner Ziele hatte es der König mit lebendigen Wesen zu tun, die sich immer wieder an einem anderen Ort und in anderen Verhältnissen befanden. Dies veranlaßte ihn dazu, ihnen nicht nur eine einzelne Handlung, sondern ganze Reihen von Handlungen gleicher Art zu geben, die sie eine nach der anderen ausführten. Wenn nun einem Wesen eine bestimmte Tätigkeit gegeben war, dann führte es sie immer wieder aus, bis der König dies ändern wollte.

Auch war es wichtig, die Wesen zusammenzuhalten, damit sie sich nicht in den entfernteren Teilen des Tales verloren, und deshalb übernahm der König, da sich ja entgegengesetzte Handlungen ausglichen, einen bestimmten Anteil des Schmerzes, den die Bewegung zum Mittelpunkt hin verursachte, und er übernahm nichts von den Schmerzen, die mit irgend einer vom Mittelpunkt des Tales sich entfernenden Bewegung verbunden waren. So neigten die Bewohner des Tales dazu, sich in seinem Mittelpunkt zu versammeln, denn sie fühlten sich wohl dabei, und der König verlor sie nie aus den Augen.

Gab es aber einen Grund dafür, daß sie sich nicht im Zentrum des Tales aufhielten, so übernahm er nicht mehr die Schmerzen für die Bewegung in diese Richtung, und sie folgten der anderen Neigung, die er ihnen vermittelte, indem er einen Anteil ihrer Schmerzen für die Bewegung in eine andere Richtung ertrug. Und in allem, was er tat, bedachte der König die Umstände, in die er die Wesen hineinversetzte, und die Ziele, die er zu erreichen suchte. Er vergeudete nichts von seiner Leidensfähigkeit, nur um ihnen ein Gefühl der Freude zu geben, sondern er verband die Freude, die er ihnen durch seine Schmerzen gab, mit irgendeiner äußeren Handlung.

Und als die Zeit verging und die Zahl der Bewohner zunahm, brachte er eine größere Ordnung und Regelmäßigkeit in die zahllosen Tätigkeiten, die er für sie ersann. Ihre Handlungen entwickelten sich zu regelrechten Handlungsabläufen, deren Verlauf davon abhing, in welcher Umgebung sie lebten und welche die Gewohnheiten der anderen Bewohner waren. Kein Handlungsablauf wurde durchbrochen, ohne daß es einen Ersatz dafür gegeben hätte; wollte der König einem Ablauf ein Ende setzen, so rief er an seiner Stelle sogleich eine neue

Tätigkeit hervor, und nichts geriet in Unordnung. Die Wesen wurden allmählich intelligenter, so daß er ihnen kompliziertere Handlungsabläufe anvertrauen konnte, und es gelang ihnen auch, sie auszuführen. Dabei übernahm der König natürlich immer den Unterschied zwischen Freude und Schmerz, der notwendig war, damit sie ihre Handlungen der Mühe wert fanden. Es gelang ihnen sogar, einzelne Tätigkeiten in einen größeren Rahmen zu übertragen, obwohl dafür das Zusammenspiel von vielen einzelnen Handlungsabläufen erforderlich war. Denn sie besaßen einen Sinn für Dinge, die vergleichbar waren, und sahen sie, daß eine Tätigkeit, zu der der König sie in einem kleinen Rahmen geführt hatte, ihnen Freude gab, so waren sie auch bereit, eine ähnliche Tätigkeit in einem größeren Rahmen zu übernehmen.

Eine Eigentümlichkeit, die aus der nun höheren Intelligenz der Bewohner erwuchs, verdient es, gesondert erwähnt zu werden. Viele der den Bewohnern möglichen Tätigkeiten bestanden nicht nur aus einem angenehmen Teil, der gefolgt war von einem schmerzhaften Teil, sondern sie waren zuerst schmerzhaft und erst in ihrem zweiten Teil angenehm. Dies geschah, weil bei bestimmten Zusammenstellungen der Teilhandlungen, aus denen eine Tätigkeit bestand, die ihrerseits mit Schmerz und Freude verbundenen Teilhandlungen in einer solchen Verteilung auftraten, daß der erste Teil der Tätigkeit Schmerzen bereitete und erst der zweite Freude.

Nun konnte der König, als sich die Intelligenz der

Bewohner höher entwickelt hatte, sie dazu veranlassen, solche Tätigkeiten zu erwägen und auch durchzuführen; denn der Gedanke an die Freude, die mit dem zweiten Teil der Tätigkeit verbunden sein würde, erleichterte den Schmerz des ersten Teils. So wurde, zusammen mit dem Anteil des Schmerzes, den der König übernahm, der Schmerz des ersten Teils der Tätigkeit fast ausgeglichen, und die Bewohner konnten sie durchführen. Gelangten sie dann aber zum zweiten Teil, waren sie sehr enttäuscht, denn nach dem Gesetz des Tales hielten sich Freude und Schmerz die Waage (abgesehen von dem kleinen Anteil, den der König übernahm), und die Vorfreude war so groß gewesen, daß zu dem Zeitpunkt, an dem sie eigentlich hätten Freude an ihrer Tätigkeit empfinden müssen, die Freude fast schon aufgebraucht war.

Dieser Umstand führte dazu, daß unter den Bewohnern ein Sprichwort entstand, das zwar etwas übertrieben klang, aber in dem soeben Dargestellten einen wahren Kern hatte. Es hieß «Die Freude, um deretwillen du eine Mühsal auf dich nimmst, entflieht, sobald die Anstrengung zu Ende ist, und es bleibt dir nur, eine neue auf dich zu nehmen». Oder auch «Vorfreude ist die schönste Freude».

All dies ist hier so kurz beschrieben und hatte in Wirklichkeit doch lange Zeit gedauert. Und nun wurden Felder angebaut und bessere Häuser errichtet. Die Zahl der Bewohner des Tales hatte stark zugenommen, und sie gliederten sich in verschiedene Stämme, die in verschiedenen Gegenden des Tales siedelten. Die begehrteste Lage allerdings war der Mittelpunkt des Tales, und es gab viele Kämpfe und Auseinandersetzungen darum, wer diesen Ort besitzen sollte. Der König litt deswegen die meisten Schmerzen, und das Leben war hier am höchsten entwickelt.

In den Randgebieten lebten die primitiveren und weniger hoch entwickelten Völker, die von den Bewohnern des Mittelpunkts Barbaren und Wilde genannt wurden.

Viertes Kapitel

Als nun der König sah, daß die Bewohner immer mehr den Menschen ähnelten, die er gekannt hatte, empfand er, daß er einsam war, und er wollte zu ihnen die Beziehung treten. Doch als er unter ihnen erschien, erkannten sie ihn sogleich als einen, der mächtiger war als sie, und sie fürchteten sich sehr. In ihrer Angst versuchten sie, Hand an ihn zu legen, und als er, um sich vor ihren Angriffen zu retten, den Unterschied zwischen Schmerz und Freude in ihren Handlungen nicht mehr übernahm, versanken die Angreifer in Reglosigkeit und wurden wie die Kinder, die er zu Anfang gefunden hatte.

Und ein furchtbares Gerücht verbreitete sich unter den Bewohnern. Es hieß, ein schreckliches Wesen sei unter sie gekommen, und es schlage jeden, der es ansehe, mit Ohnmacht und Tod.

So hörte der König auf, sich unter sie zu mischen. Doch es hatte lange keine Stimme zu ihm gesprochen, und es verlangte ihn nach einem Gefährten.

Wieder suchte er den alten Mann, und als er am Rande des Abgrunds stand, rief er ihn.

Und der alte Mann erschien: «Seid Ihr, oh König, es müde, Euer Werk zu tun?»

«Nein», erwiderte der König, «doch ich will die Bewohner kennenlernen, so daß ich zu ihnen spreche und sie zu mir.»

Und der alte Mann riet ihm, einige von seinen Strahlen einem der Wesen zu geben; denn hätte dieses Wesen einen Teil der Strahlen und könnte es die Schmerzen eines anderen teilen, so wäre es wie der König und könnte ihn darum verstehen.

Nun suchte der König überall im Tal, und unter den Bewohnern war einer, dessen Schönheit an Gestalt und Geist herausragte. Er war der Sohn eines Königs und dazu bestimmt, über ein großes Volk zu herrschen. Und der König gab ihm einige Strahlen, so daß sich diese von dem Königssohn auf andere Bewohner richteten.

Und sogleich erwachte dieser wie aus einem Traum. Und er erkannte das Leben und sah, daß sich in Wahrheit Freude und Schmerz die Waage hielten. Und als er dies erkannt und die Macht der Strahlen gesehen und erfahren hatte, wie er andere durch Schmerz und Freude führen und die Schlafenden tätig werden lassen konnte, wenn er ihre Schmerzen teilte, rief er aus:

«Ein Ding folgt auf das andere in diesem Tal; auf Freude folgt Schmerz, und auf Schmerz folgt Freude. Doch die Ursache allen Seins liegt im Erleiden der Schmerzen. Darum», so rief er, «laßt uns diesem Schein ein Ende setzen. Laßt uns um unsere

Erlösung beten, damit endlich der Schmerz ein Ende habe und wir eingehen in das Nichts.»

So erkannte der Königssohn die Ursache des Lebens, und er empfand, daß es Schmerz war, und da er dunkel ahnte, welchen Schmerz der König ertrug, und da er selbst die Last der Anstrengung spürte, durch die seine Strahlen die Gestalt der Bewohner aus ihrer Mattigkeit lösten, ersehnte er ein Ende allen Seins.

Alles indessen, was er in seinem Leben tat, war edel, und er ging von Stamm zu Stamm und trug die Last der Bewohner und erweckte die Schlafenden zum Leben.

Fünftes Kapitel

Hier nun ist es angebracht, von des Königs Tun Bericht zu erstatten und darzulegen, wie er das mannigfaltige Leben im Tal erhielt.

Dazu wollen wir am besten einen typischen Fall betrachten und ihn nach der arabischen Methode beschreiben. Die arabische Methode ist diejenige, die auch von den Arabern angewandt wurde, um numerische Mengen zu beschreiben. Werden wir zum Beispiel nach der Anzahl der Tage im Jahr gefragt, so antworten wir nach der arabischen Art der Benennung zunächst 300. Dies ist eine falsche Antwort, doch sie stellt die größtmögliche Annäherung in Hundertereinheiten dar. Dann sagen wir sechzig und korrigieren damit unsere erste Antwort. Und schließlich sagen wir fünf und vervollständigen so die Antwort, nämlich auf 365. In diesem einfachen Fall sind wir uns der Natur der zugrunde liegenden Systematik kaum bewußt, weil die Darstellung so rasch erfolgt. Doch wenden wir dasselbe Verfahren auf einen komplizierteren Gegenstand an, so entdecken wir die folgenden Eigenschaften. Zunächst wird eine bestimmte Aussage über den zu beschreibenden Gegenstand gemacht, und sie wird dem Hörer so vorgestellt, als sei sie wahr. Hat er diese Aussage verstanden, wird eine zweite getan, die in der Regel der ersten in irgend einer Weise widerspricht, und die erste Vorstellung muß korrigiert werden. Beide Aussagen zusammengenommen werden nun als wahr dargestellt. Hat der Hörer dann diese Vorstellung übernommen, wird eine weitere Aussage hinzugefügt, die ebenfalls als Korrektur zu verstehen ist usw., bis schließlich die aufeinanderfolgenden Aussagen und Widersprüche oder Korrekturen beim Hörer eine Vorstellung hervorbringen, die der Vorstellung des Beschreibenden entspricht.

In dieser Weise soll das Tun des Königs durch eine Reihe von Aussagen beschrieben werden, und die Wahrheit wird durch die Gesamtheit der Aussagen und der aufeinanderfolgenden Korrekturen ans Licht kommen.

Als der König eines der Wesen zu einer Tätigkeit veranlassen wollte, teilte er dessen Leblosigkeit in Freude und Schmerz. Er verband die Freude mit einer Teilhandlung, die wir A nennen wollen, und den Schmerz mit einer anderen Teilhandlung, die wir mit B bezeichnen.

Diese beiden Teilhandlungen, A und B, die zusammen eine Handlung bilden, waren so geartet, daß die aufeinanderfolgende Ausführung von A und B einen Prozeß darstellte, der der Organisation des Lebens im Tal dienlich war.
Die Teilhandlung A kann in der Bewegung des rechten Fußes, die Teilhandlung B in der Bewegung des linken Fußes bestehen, und AB ist die Tätigkeit, die darin liegt, einen Schritt zu tun. Dies ist allerdings erst eine oberflächliche Darstellung, denn die Teilhandlungen, die wir mit A und B bezeichnen, waren elementare Teilhandlungen, von denen erst eine große Anzahl eine einzige wahrnehmbare Handlung darstellten, die wir hätten beobachten oder beschreiben können.
Nehmen wir vorläufig an, es gebe nur ein Wesen in dem Tal. Der König teilt dessen Leblosigkeit in die Handlung AB. Nehmen wir an, er teilt diese Leblosigkeit in 1000 Einheiten Freude und 1000 Einheiten Schmerz. Die Freude läßt er das Wesen allein empfinden, von dem Schmerz übernimmt er einen Anteil, den wir mit 2 bezeichnen wollen. So empfindet das Wesen 1000 Einheiten Freude und 998 Einheiten Schmerz, und es vollendet die Handlung. Was es fühlt, wird in der ersten Teilhandlung mit 1000 dargestellt, in der zweiten mit 998.
Nun hatte der König nicht die Absicht, elementare Handlungen dieser begrenzten und in sich abgeschlossenen Art hervorzubringen. Er wählte als elementare Tätigkeit eine Handlung, die er das Wesen immer wieder ausführen ließ. Also tat es die Teilhandlung A und anschließend die Teilhand-

lung B, und wenn es diese Handlung AB abgeschlossen hatte, tat es wieder A und dann wieder B. So entstand für dieses bestimmte Wesen der Handlungsablauf AB, AB, AB usw.

Und wäre es allein und dies seine einzige Tätigkeit gewesen, so hätte der König weiterhin 2 Einheiten Schmerz in jeder dieser Handlungen übernommen. Er hätte so den Handlungsablauf fortgesetzt, und das Wesen hätte bei jeder Teilhandlung A 1000 Einheiten Freude und bei jeder Teilhandlung B 998 Einheiten Schmerz empfunden.

Hier nun mag sich die Frage nach einem Beispiel für einen dieser elementaren Handlungsabläufe erheben, die der König in Gang setzte. Diese Forderung scheint berechtigt, auch wenn sie ein wenig voreilig ist; denn in unserer Welt mögen wir wissen, wie die Bewegung der Atome geartet ist, auch wenn wir nicht exakt bestimmen können, wie sich jedes einzelne bewegt. In einem solchen Fall können wir uns nur durch ein Modell behelfen. Nehmen wir also das Beispiel eines Kristalls. Wir wissen, daß die Zusammensetzung eines Kristalls einer eindeutigen Regelhaftigkeit unterliegt, und wie weit wir ihn auch aufspalten, seine Teile besitzen doch immer wieder dieselbe Struktur. Wir können die elementaren kristallinen Teilchen nicht isolieren, doch wir schließen, daß sie so geartet sind, daß sie in der Zusammensetzung den Kristall bilden.

Nun ergaben sich die wesentlichen Aspekte des Lebens im Tal aus einer Zusammensetzung der beschriebenen routinemäßigen Handlungsabläufe. Es gab Veränderungen und abrupte Übergänge;

der allgemeine und bestimmende Lebensplan war jedoch der eines Ablaufs von Teilhandlungen, bei denen Freude und Schmerz sich abwechselten. Es war gerade so, als sei er aus elementaren routinemäßigen Handlungen zusammengesetzt, auf die sich der König verlassen konnte, und die, wenn er ihre Zusammensetzung nicht veränderte, dazu tendierten, umfangreichere und gleichmäßig ablaufende Prozesse hervorzubringen. Und selbst die Wechsel und Übergänge hatten etwas Regelhaftes an sich, denn wann immer ein Handlungsablauf im Tal sich plötzlich veränderte, verhielt es sich mit anderen Abläufen ebenso, wenn ihre Voraussetzungen sich in ähnlicher Weise veränderten. So war der elementare Typus der Handlung, den der König begründete, der oben beschriebene Ablauf AB, AB. Doch es gab zwei Umstände, die eine Veränderung bewirkten, so daß diese einfache Routine abgeändert wurde.

Zum einen befand sich nicht nur eines, sondern viele Wesen im Tal.

Und zweitens wollte der König von Zeit zu Zeit einen Teil seiner Fähigkeit, Schmerz zu ertragen, freisetzen. Er wollte sie nicht unablässig für die routinemäßigen Abläufe, die er ursprünglich in Gang gesetzt hatte, und für die damit unmittelbar verbundenen Handlungen verbrauchen.

Als er anfänglich das Leben der Wesen im Tal organisierte, hielt er nicht absichtlich einen Teil seiner Leidensfähigkeit zurück, sondern er erschöpfte sie in den Tätigkeiten, die er entstehen ließ. Von Zeit zu Zeit jedoch wollte er neue Tätigkeiten hervorbringen, die mit den alten in keiner Weise zusammenhingen, und deshalb zog er, wie im folgenden gezeigt werden wird, einen Teil seiner Leidensfähigkeit zurück.

Es gab viele Wesen im Tal. Der König beschloß, daß die Tätigkeit eines jeden ein regelmäßiger Handlungsablauf sein solle. So konnte er mit dieser Tätigkeit rechnen und sie als einen Prozeß betrachten, dessen Ablauf gesichert war. Doch im Verlauf dieses Prozesses gelangten die Wesen in Kontakt zueinander, und so entstand, einfach durch ihr Zusammentreffen, etwas anderes, als es ein routinemäßiger Ablauf als solcher gewesen wäre. Ihre Wege kreuzten sich auf die verschiedensten Arten und Weisen. Wollte nun der König einen Vorteil aus der Kombination dieser Abläufe ziehen oder sie verändern, mußte er neue Handlungsabläufe in Gang setzen.

Und um diese kombinierten Prozesse erschaffen zu können, entwarf der König den folgenden Plan.

In der ersten Handlung AB teilte er die Leblosigkeit des Wesens in 1000 Einheiten Freude und 1000 Einheiten Schmerz, und er selbst erlitt 2 Einheiten des Schmerzes. So erlebte das Wesen 1000 Einheiten Freude und 998 Einheiten Schmerz. In der nächsten Handlung AB teilte er die Leblosigkeit des Wesens in weniger Freude und weniger Schmerz. Er teilte sie in 980 Einheiten Freude und 980 Einheiten Schmerz, das heißt jeder Augenblick des Erlebens war um 20 Einheiten weniger intensiv als in der ersten Handlung.

Nun ist es offenkundig, daß wenn der um 2 Einheiten geringere Schmerz ein Wesen dazu veranlaßt, 1000 Einheiten Freude und 998 Einheiten Schmerz auf sich zu nehmen, es auch 500 Einheiten Freude und 449 Einheiten Schmerz übernimmt, solange der König ebenfalls 1 Einheit des Schmerzes erduldet.

Und für andere Mengen an Freude und Schmerz bliebe das Verhältnis ebenso. Damit ist offenkundig, daß der König weniger Schmerz erleiden müßte, wenn das Wesen nicht 1000 Einheiten Freude und die entsprechende Menge Schmerz, sondern 980 Einheiten Freude und die entsprechende Menge Schmerz erleben würde.

Teilte nun also der König die Leblosigkeit des Wesens in 980 Einheiten Freude und 980 Einheiten Schmerz, so entstand für ihn nicht die Notwendigkeit, 2 Einheiten Schmerz zu übernehmen, wenn er wollte, daß ein Wesen eine Handlung ausführte. Er übernahm weniger als 2 Einheiten Schmerz und hatte damit einen Teil seiner Leidensfähigkeit erneut zur Verfügung. Dieser Teil war genauso groß, daß er ein Wesen dazu veranlassen konnte, eine Handlung mit 20 Einheiten Freude und 20 Einheiten Schmerz zu tun.

Und dies – abgesehen von einer Korrektur, von der später noch die Rede sein wird – tat der König. Er verwandte seine auf diese Weise freigesetzte Fähigkeit, Schmerzen zu erdulden, um andere Handlungsabläufe in Gang zu setzen. Dem Ablauf AB, AB, AB lag die Handlung AB zugrunde. Und der König verband mit Hilfe seiner neuen freigesetzten Leidensfähigkeit mit der zweiten Handlung AB einen neuen Handlungsablauf CD, CD, CD. So entstanden durch die Verbindung der ursprünglichen Handlungsabläufe mit neuen Abläufen neue und zusätzliche Prozesse, die die Zusammensetzung der alten steuerten und nutzten.

Der Betrag an Freude im Ablauf CD belief sich (mit einer leichten Korrektur, die unten dargestellt werden wird), in der Stärke des Gefühls gemessen, auf 20 Einheiten. So betrug (abgesehen von der Korrektur, von der wir sprachen) die Freude des ersten A 1000 Einheiten, die des zweiten A 980 Einheiten und die des ersten C 20 Einheiten. Damit entsprach der Gesamtbetrag der Empfindung im zweiten A und dem mit ihm verbundenen C (abgesehen von einer kleinen Korrektur) der Empfindung im ersten A. Die drei für die Tätigkeiten der Bewohner des Tales charakteristischen Merkmale sind somit eindeutig genug:

1. Es existiert ein elementarer Handlungsablauf AB, AB, AB, und die mit diesem Prozeß verbundene Gefühlsstärke verringert sich nach und nach.

2. Ferner gibt es die mit AB, AB verbundenen Handlungsabläufe CD, CD usw., in denen die im Handlungsablauf AB, AB verlorengegangene Empfindung wiederaufzutauchen scheint.

3. Schließlich zeigt sich in der Handlung AB als solcher ein Verlust an Empfindungen. Das mit A verbundene Gefühl beträgt 1000 Einheiten, das mit B verbundene 998 Einheiten. Diese 2 Einheiten sind natürlich der Betrag, den der König übernahm und mit dessen Hilfe er das Wesen erst dazu veranlaßte zu handeln. Unter dem Aspekt der

Gefühlsstärke jedoch scheint hier ein Verlust vorzuliegen. Dieser durch die oben erwähnte Korrektur verursachte Verlust fand sich durchgängig im gesamten Handlungsablauf.

Abgesehen von der letzten Korrektur haben wir damit die dem Tun des Königs zugrunde liegende Theorie vollständig vor uns liegen. Gewisse mathematische Probleme führen dazu, daß ein Gesamtüberblick nur in ein wenig unpräzisen Formulierungen gegeben werden kann. Betrachten wir eine Theorie in ihrem Gesamtzusammenhang, so wollen wir ungefähr sehen, wie alles miteinander zusammenhängt; doch wollen wir sie tatsächlich übernehmen, gewinnt die Exaktheit der numerischen Relationen grundlegende Bedeutung.

Wir müssen hinzufügen, daß die oben angegebenen Zahlen nur um der Anschaulichkeit der Darstellung willen gewählt wurden. In Wirklichkeit erlitt der König ein geringeres Maß an Schmerzen.

Die folgende ausführliche Darstellung arbeitet mit kleinen numerischen Quantitäten. Wir können sie für den Augenblick auch übergehen und später wieder auf sie Bezug nehmen.

Ausführliche Darstellung

Wir wollen vorläufig die oben genannten Zahlen beibehalten. Als der König in der zweiten Handlung des Ablaufs AB, AB genügend Leidensfähigkeit freigesetzt hatte, um einen weiteren Ablauf CD, CD in Gang zu setzen, der mit 20 Einheiten Freude und

20 Einheiten Schmerz verbunden war, setzte er diese Fähigkeit nicht vollständig ein, sondern nur so weit, daß ein Ablauf entstand, der mit 16 Einheiten Freude und Schmerz verbunden war. Der Handlungsablauf CD, CD setzte sich also aus Teilhandlungen zusammen, die mit 16 Einheiten Freude und 16 Einheiten Schmerz besetzt waren.

Die Stärke der Empfindung des ersten A betrug 1000 Einheiten, die des ersten B 998 Einheiten, 2 Einheiten gingen verloren. Beim zweiten A betrug sie 980 Einheiten und bei C, das gleichzeitig mit dem zweiten A beginnt, nicht 20 Einheiten, wie vielleicht erwartet, sondern 4 Einheiten weniger, also 16 Einheiten. Das zweite A ist um 20 Einheiten weniger stark als das erste. Suchen wir diese 20 Einheiten, so finden wir 16 in C. 4 jedoch sind verlorengegangen.

Betrachten wir nun die aufeinanderfolgenden Teilhandlungen, so finden wir in A 1000 Einheiten Gefühl, in B 998 Einheiten, in A und C zusammen 996 Einheiten.

Die Ursache des Unterschieds zwischen A und B wurde bereits beschrieben. Der Verlust zwischen B und dem zweiten A und C jedoch ist noch nicht geklärt.

Es wurde schon gesagt, daß der König einen Teil seiner Leidensfähigkeit dem Handlungsablauf AB und allen damit zusammenhängenden Abläufen entzog und daß er dadurch neue Tätigkeiten in Gang setzen konnte, die von den ursprünglichen völlig unabhängig waren, und er verfuhr mit dem, was aus seinem Tun entstand, wie mit den Wesen, die er zu Anfang im Tal gefunden und auf den Weg des Lebens geschickt hatte. Und weil er einen Teil seiner Leidensfähigkeit zurückgezogen hatte, war die Empfindung in C nicht 20 Einheiten, sondern geringer. Dieses um 4 Einheiten geringere Gefühl eines Wesens entsprach für den König der Freisetzung eines bestimmten Anteils seiner Leidensfähigkeit. Und so gelangte im Verlauf des Prozesses immer wieder ein Teil seiner Kraft zu ihm zurück. In der Abbildung unten enthalten die ersten Spalten den Betrag an Empfindungen in den Handlungen AB, AB. Die zweite Zahlenreihe zeigt den Betrag an Gefühlen in den Handlungen CD, CD. Die dritte Spalte bezieht sich auf einen weiteren Ablauf EF, EF, der ebenso entsteht wie CD, CD. Die vierte Zahlenreihe gibt den Betrag an Schmerzen an, den der König erleidet, die fünfte seine freigesetzte Leidensfähigkeit.

(1)	1000 A	998 B	980 A	$978\frac{40}{1000}$ B	960 A	$958\frac{80}{1000}$ B
(2)			16 C	$15\frac{998}{1000}$ D	$15\frac{998}{1000}$ D	$15\frac{658640}{1000000}$ D
(3)					16 E	$15\frac{998}{1000}$ F
(4)	2		$1\frac{992}{1000}$		$1\frac{991}{1000} + \frac{360}{1000000}$	
(5)	0		$\frac{8}{1000}$		$\frac{8}{1000} + \frac{640}{1000000}$	

Wird der gesamte Gefühlsbetrag des Wesens im ursprünglichen und den damit verbundenen Handlungsabläufen addiert, so ergibt sich die folgende Reihe

$1000, 998, 996, 994\frac{88}{1000}, 991\frac{680}{1000}$, usw.

Schließlich war der Schmerz des Königs im Verhältnis zu den Empfindungen des Wesens so gering, daß A und B scheinbar gleich stark waren. Die Stärke der Empfindung im zweiten A und in C entsprach damit scheinbar der Stärke des Gefühls in B. Und sie nahm nicht, wie zuvor gezeigt, rasch ab, sondern die Wesen bemerkten eine Abnahme des Gefühls erst dann, wenn sie viele Teilhandlungen der ursprünglichen und der damit verbundenen Handlungsabläufe durchlaufen hatten. Es gab also, wie zuvor schon dargestellt:
1. einen Handlungsablauf mit einer ständig abnehmenden Gefühlsintensität,
2. damit verbundene Handlungsabläufe, deren Gefühlsintensität scheinbar dem Verlust in A entsprach,
3. eine mit jedem Schritt des Handlungsablaufs kontinuierlich abnehmende Stärke des Gefühls, das die Wesen erlebten. Das Gefühl, das sie erleben konnten, war in allen folgenden und mit ihnen verbundenen Schritten weniger stark als in jedem gemessenen Schritt.

Sechstes Kapitel

Wir können hier nicht auf die Bedeutung der Ereignisse im Tal, auf den Verlauf seiner Geschichte, eingehen. Doch wir wollen uns noch einmal den Voraussetzungen für das Leben seiner Bewohner zuwenden. Beobachten wir, was nach langer Zeit aus ihnen geworden ist.
Ein prächtiges und blühendes Land ist entstanden, das fast überall von Feldern bedeckt ist. Es gibt keinen Krieg – selbst in den entferntesten Regionen des Tales herrscht Frieden. Bewegen wir uns nun von den äußersten Grenzen, an denen immer noch Barbaren leben, auf die Hauptstadt zu, so treffen wir auf Menschen mit einer immer höher ausgebildeten Lebensart und Kultur. In der Hauptstadt selbst finden wir zahlreiche und große Gebäude. Da ist der Palast, den der König mit der Musik des alten Mannes entstehen sah, der jedoch von einem anderen Herrscher bewohnt wird. Daneben sehen wir zwei große Gebäude, die einen weiten, offenen Platz begrenzen. In ihrer Nähe befindet sich sonst kein Gebäude, außer einem eher kleinen Backsteinbau, der zwischen ihnen steht. Die großen Gebäude dienen als Versammlungsort für die beiden wichtigsten Ratsversammlungen des Tales. In dem links vom Palast gelegenen Gebäude trafen sich die verdientesten Bewohner des Tales, die aufgrund einer besonderen Neigung oder Eignung über Freude und Schmerz jedes einzelnen Bewohners bestimmten. Sie legten die Regeln fest, nach denen sich jeder Bewohner in seinem Streben nach Freude

zu richten hatte, und sie beschlossen über die Möglichkeiten, allen Bewohnern des Tales mehr Freude als Schmerz zu verschaffen.

In dem Gebäude zur rechten Seite des Palastes trafen sich die Bewohner, die sich eingehend mit dem Studium der Gefühle beschäftigt hatten und die ihrem Wesen nach oder aus anderen Gründen weniger danach forschten, ob Gefühle schmerzhaft oder angenehm waren, sondern vielmehr danach, wie stark sie waren und wie regelmäßig sie wiederkehrten. Sie waren die Denker, von denen die anderen Bewohner die Regeln erfuhren, die ihren Alltag bestimmten. Sie ersannen Wege und Möglichkeiten, um die Beschlüsse der anderen Versammlung in die Tat umzusetzen. Selten nur entwarfen sie ein richtiges Gesetz, doch sie konnten immer zeigen, wie die Vorschläge der anderen Versammlung zu verwirklichen seien.

Ihre Macht leiteten sie auf die folgende Weise ab: Der König hatte die Gefühle der Freude und des Schmerzes mit bestimmten Teilhandlungen verbunden und jedem Wesen einen bestimmten Handlungsablauf zugewiesen. So wie er nun diese Abläufe nutzte und die Tätigkeiten verschiedener Wesen miteinander verknüpfte, um das von ihm gewünschte Ergebnis zu erzielen, so taten dies auch die Herrscher des Tales. Die Tätigkeiten der einzelnen Bewohner wurden untersucht und klassifiziert, und mußte eine bestimmte Arbeit getan werden, wurden die Bewohner mit der entsprechenden Tätigkeit ausgewählt und an den entsprechenden Ort gebracht. Dazu war es erforderlich, die jeweiligen

Handlungsabläufe sorgfältig zu erforschen und festzustellen, in welche Abschnitte sie gehörten; denn es war sinnlos, ein Wesen an einen solchen Ort zu bringen, dessen Tätigkeit fast am Ende einer Arbeit angesiedelt war, die eben erst begann. Daher wurden die feinsten Instrumente und die präzisesten Verfahren entwickelt, mit denen die Intensität des Gefühls, ob Freude oder Schmerz, eines jeden einzelnen gemessen und eine sorgfältige Einordnung aller Tätigkeiten vorgenommen werden konnte.

Doch wir sollten die Grundlagen des Staates der Reihe nach betrachten, und die Frage der Freude und des Schmerzes galt als die wichtigste.

Die Bewohner wußten, daß sie die Freude suchten und den Schmerz mieden, und es war ihr großes Ziel, ihr Leben angenehmer zu machen. Dies versuchten sie auf zweierlei Weise, indem sie nämlich die Ursachen des Schmerzes zu verbannen und die Ursachen der Freude zu gewinnen suchten.

Als Ursachen der Freude und des Schmerzes betrachteten sie die Dinge, mit denen der König durch die Teilung ihrer Leblosigkeit das Gefühl der Freude und des Schmerzes verbunden hatte.

Hierin täuschten sie sich jedoch in gewisser Weise; denn der König hatte ihre Leblosigkeit nicht so sehr in zweierlei Dinge, sondern vielmehr in zweierlei Handlungen geteilt. Es gab zum Beispiel eine bestimmte Art von Muscheln, die in vielen Gegenden des Tales gefunden wurden und die mit seltsamen und ineinander verflochtenen Linien und Punkten gezeichnet waren. Nun hatte der König die Leblosigkeit der Bewohner im Hinblick auf die Muscheln in zwei Augenblicke geteilt. Der eine war schmerzhaft, weil in ihm die Windungen und Verflechtungen in der Färbung der Muschel entschlüsselt werden mußten, der andere war mit Freude erfüllt, weil die Zeichnung erkannt war und die Muschel in Muße betrachtet werden konnte. Nun nannten die Bewohner die Muschel ein schmerzhaftes Ding, solange ihre Zeichnung nicht entschlüsselt war, und ein angenehmes Ding, sobald sie erkannt war. Und jeder Bewohner versuchte, die Zeichnung möglichst vieler Muscheln zu erkennen, so daß er eine Welle der Freude empfand, wenn er sie betrachtete.

Nun waren die Bewohner des Tales, die in früheren Zeiten die Zeichnung der Muscheln entschlüsselt oder ähnliche Tätigkeiten ausgeübt hatten, zu dieser Arbeit gezwungen worden. Sie waren in gewisser Weise Sklaven und abhängig vom Willen ihrer Herren, die alle Freuden ihres Lebens für sich vereinnahmten. Doch in diesen Zeiten entstand eine große Gefahr; denn als ihnen ihre Herren alle Freude genommen hatten, versanken unendlich viele dieser Sklaven in Reglosigkeit, und eine tödliche Ermattung schien sich über das Tal zu breiten. Dies erfüllte die Bewohner, die in Freuden lebten, mit einer schrecklichen Furcht, und sie faßten schließlich den Entschluß, es solle keine solche Sklaven mehr geben. Von dieser Zeit an mußte jeder der Bewohner, wenn er einen anderen für sich arbeiten ließ, ihm auch etwas dafür geben.

Dadurch verringerte sich die Freude an den soge-

nannten angenehmen Dingen außerordentlich. Denn sollte ein Bewohner einen Nutzen davon haben, daß er die Zeichnung einer Muschel entschlüsselte, so wurde der Schmerz, den er bei dieser Tätigkeit empfand, zu einem großen Teil oder sogar fast ganz durch die Freude ausgeglichen, die ihm gegeben wurde, damit er diese Arbeit tat. Und wenn die Muschel ausgehändigt wurde, gab es nicht mehr viel, über das man sich hätte freuen können; denn nach dem Gesetz des Tales hielten sich Freude und Schmerz die Waage, und da der Bewohner bei der Entschlüsselung der Zeichnung insgesamt nicht mehr viel Schmerz empfand, konnte er sich auch nicht mehr besonders freuen.
Tatsächlich kam es zu jener Zeit aus der Mode, die Häuser der Mächtigen mit den sogenannten angenehmen Dingen zu füllen, und es entstand ein Sprichwort, das besagte: «Entschlüßle deine Muscheln lieber selbst.»
Nun mag es seltsam anmuten, daß einige der Bewohner die anderen überhaupt dazu veranlassen konnten, die Zeichnung der Muscheln an ihrer Stelle zu entschlüsseln, oder zumindest dies so zu tun, daß noch ein Überschuß an Freude mit den Muscheln verbunden war. Diese Macht, die einige der Bewohner besaßen, hing jedoch mit dem Tun des Königs zusammen; denn dadurch, daß er den Unterschied zwischen Schmerz und Freude für zahlreiche Aspekte des Lebens eines jeden einzelnen ertrug, macht er (im Ganzen gesehen) das Leben für jeden einzelnen erfreulich, und jeder strebte danach, sein eigenes Leben zu erhalten, da

es eine Quelle der Freude für ihn war. Einige der mächtigeren Bewohner besaßen die Macht, den anderen, wenn sie ihnen nicht dienten, die Mittel für ihr Weiterleben zu verweigern. Und so konnten sie an Dinge gelangen, die einen Überschuß an Freude in sich trugen.

Doch die Herrscher des Tales, die Freude und Schmerz studiert hatten, erkannten, welche Gefahr aus diesem Verhältnis zwischen den Mächtigen und den weniger Mächtigen entstand; denn als die Zahl der Bewohner zunahm, vereinigte sich die Macht mehr und mehr in den Händen einiger weniger Bewohner, und immer mehr Bewohner waren immer häufiger gezwungen, den schmerzhaften Teil einer Handlung zu übernehmen und den angenehmen einem Mächtigeren zu überlassen. Und als die Ratsversammlung die Angelegenheit noch nicht geregelt hatte, versanken immer wieder große Teile der Bevölkerung in Leblosigkeit. Deshalb schufen sie viele Gesetze, um das Tun der Mächtigeren einzuschränken, und die Mächtigeren waren selbst dazu bereit, sie zu gestalten und sich ihnen zu unterwerfen, denn es gefiel ihnen nicht, daß ein Teil der Bewohner in diese matte Leblosigkeit versank.

Nun regelten die Weisen des Tales die Geschäfte nicht nur in dieser, sondern auch in jeder anderen Hinsicht, so daß das Leben angenehmer wurde. Sie verfügten über strenge Gesetze, die einen jeden bestraften, der einem anderen gegen dessen Willen, durch Gewalt oder Täuschung, einen Teil seiner Freude nahm. Sie taten alles, was in ihrer Macht stand, um einen Zustand der Leblosigkeit zu verhindern. In einer Hinsicht jedoch waren sie ganz besonders sorgsam und umsichtig. Sie hielten alle Sorge, alle Furcht und alle Schmerzen fern, die sie dem gesamten Volk ersparen konnten. Alles, was dazu hätte führen können, daß das Maß an Wohlbefinden hätte geringer werden können, wurde sorgfältig beseitigt. Jede Regelwidrigkeit wurde so gering wie möglich gehalten, und ein besonders entscheidender Schritt war getan worden. Dieser Schritt hatte im Rat der Weisen nicht nur Zustimmung gefunden, schließlich wurde jedoch ein Gesetz verabschiedet:

Jedes Kind, das im Tal geboren wurde und unter einer unheilbaren Krankheit oder einer schweren Mißbildung litt oder so schwächlich schien, daß es wahrscheinlich mehr Schmerz als Freude mit sich bringen würde, wurde sofort getötet. Dies schien den Bewohnern des Tales ein ungeheurer Fortschritt; denn sie wurden nicht mehr durch den Anblick einer Mißbildung beleidigt, und die mit vielen Schmerzen verbundene Pflege der Kranken war seltener geworden, seitdem der Beschluß Gesetz geworden war.

Die wichtige Pflicht, über den Anspruch eines jeden neugeborenen Kindes auf einen schmerzlosen Tod zu entscheiden, wurde einer Gruppe von Inspektoren übertragen, welche in jedem Teil des Tales nur kurze Zeit verweilte, um die Bewohner, für deren Kinder ihre Dienste in Anspruch genommen wurden, nicht näher kennenzulernen und dadurch in ihrem Urteil befangen zu sein.

Siebtes Kapitel

Sprechen wir nun von dem zweiten großen Gebäude, in dem die anderen Weisen zusammenkamen, so müssen wir beschreiben, was als geistige Entwicklung bezeichnet werden könnte – nachdem zuvor die moralische Entwicklung dargestellt wurde. Die Ansichten der Denker im Tal hatten sich folgendermaßen entwickelt.

Zu Anfang hatten sie keine klaren Vorstellungen, sondern die verschiedensten Meinungen und Vermutungen. Später jedoch erkannten sie einige allgemeine Tendenzen – wie die Tendenz, die zum Mittelpunkt des Tales wies, und sie erklärten viele zuvor unerklärlichen Neigungen durch diese Grundtendenz. Angespornt von ihrer Entdeckung forschten sie weiter. Und sie stießen auf viele einzelne und dieser Grundtendenz vergleichbare Tendenzen, die der König festgelegt und zum allgemeinen Gesetz gemacht hatte, wenn er nicht anders entschied. Und es gelang ihnen auch nahezu, die einfachsten Handlungsabläufe zu isolieren und so gewissermaßen den Plan des Königs zu erkennen.

Sie sahen, daß eine Teilhandlung A von einer Teilhandlung B gefolgt war. Und da sie nicht wußten, daß die eine mit Freude, die andere mit Schmerz verbunden war, maßen sie den Betrag an Empfindungen in dieser Handlung. Dann nahmen sie die beiden nächsten Teilhandlungen, nämlich wieder A und B, und maßen den Betrag an Empfindungen in dieser Handlung. Und sie stellten fest, daß die Empfindungen allmählich geringer wurden. Zuerst dachten sie, sie gingen früher oder später zur Neige, doch dann entdeckten sie, daß sich gleichzeitig mit der Abnahme des Gefühls im Handlungsablauf AB neue Abläufe in dessen Nachbarschaft entwickelten.

Nun entstanden natürlich, wie oben schon dargestellt, diese neuen Prozesse aus der Leidensfähigkeit, die der König im Handlungsablauf AB freigesetzt hatte. Da jedoch die Weisen von dem Tun des Königs oder überhaupt von seiner Existenz nichts ahnten, gelangten sie zu dem Schluß, das Gefühl werde übertragen. Sie nahmen an, der Anteil, der nicht der Handlung AB verhaftet bleibe, gehe über auf die neuen Abläufe CD, EF usw.

Daraufhin maßen sie diesen Anteil sorgfältig, und sie entdeckten, so genau sie dies eben messen konnten, daß die Abläufe, die sich mit der nachlassenden Intensität des Ablaufs AB entwickelten, in ihrer Intensität dem Verlust der Empfindung in AB, AB entsprachen. Und sie schlossen daraus, daß der Betrag an Empfindungen oder Gefühlen konstant bleibe. Diesen Betrag bezeichneten sie als Lebenskraft, und sie sagten, diese Kraft werde übertragen, und sie sei, wo immer sie erscheine, in ihrem Gesamtbetrag so hoch wie zu Beginn. Allmählich aber wurden ihre Meßinstrumente genauer und ihre Überlegungen präziser, und sie stellten fest, daß der Verbleib eines Teils der Empfindungen immer noch ungeklärt war.

Betrachten wir einen beliebigen Handlungsablauf, der sich aus den Teilhandlungen A, B, A, B, A, B zusammensetzt. Um zu erreichen, daß ein beliebiges Paar von Teilhandlungen A, B von den Bewohnern getan wurde, erlitt der König einen bestimmten Anteil des damit verbundenen Schmerzes. Greifen wir wieder auf die oben genannten Zahlen zurück, so enthält A 1000 Einheiten Freude und B nur 998 Einheiten Schmerz. Damit ist der Betrag der Empfindung in den beiden Teilhandlungen A und B verschieden. Ein Teil der Empfindung geht verloren, und der Anteil, um den B geringer ist als A, ist nicht in andere Handlungsabläufe geflossen. Diesen Verlust konnten sie nicht so erklären, wie sie den Unterschied in der Stärke des Gefühls zwischen der ersten und der zweiten Handlung AB erklärten, die sich aus den Teilhandlungen A und B des Ablaufs zusammensetzten.

Sie sahen, daß es einen Empfindungsverlust gab, der durch einen Zuwachs an Gefühlen in anderen Handlungsabläufen ausgeglichen wurde.

Darüber hinaus jedoch stellten sie einen weiteren Verlust fest, der in keinem ihnen bekannten Handlungsablauf wieder erschien.

Nun lag dieses vollständige Verschwinden eines Gefühlsanteils daran, daß der König einen Teil der Schmerzen ertrug, so daß die Teilhandlung B weniger intensiv war als die Teilhandlung A. Doch die Bewohner – zumindest die weisen unter ihnen – waren fest davon überzeugt, daß Empfindungen nicht zerstört oder verringert werden konnten. So gelangten sie zu der Überlegung, daß ein Teil der Empfindungen in eine Form überging, aus der sie niemals wieder zurückkamen und sie berührten.

Sie meinten, sie existierten weiter, seien aber unwiderruflich aus dem Leben der Bewohner des Tales entschwunden.

Greifen wir auf unsere Zahlen und einfachen Beispiele zurück, so scheint sich eine solche Schlußfolgerung geradezu aufzudrängen. In Wirklichkeit jedoch war das Leben im Tal so vielgestaltig und der Anteil des Schmerzes, den der König für jeden einzelnen ertrug, so gering, daß eine solche Überlegung kein geringes Maß an Einsichtsvermögen erforderte.

Erwähnenswert sind die Benennungen, die die Forscher des Tales gebrauchten. Sie sagten, die Ausführung der angenehmen Teilhandlung A gebe den Bewohnern mehr Leben, und die Ausführung der schmerzhaften Teilhandlung B versetze sie in eine vorteilhafte Lage. Von einem Vorteil sprachen sie, weil die Vollendung der schmerzhaften Teilhandlung B die Bewohner in die Lage versetzte, den angenehmen Teil der Handlung, A, zu wiederholen. Und in diesem Teil zeigten sie mehr Lebensfreude. Obwohl nun also mit mehr Lebensfreude verbundene Teilhandlungen gefolgt waren von solchen, die einen Vorteil mit sich brachten, und obwohl der Gesamtbetrag an Gefühlen in den einzelnen Teilhandlungen der Bewohner fast gleich war wie in den darauf folgenden, gab es immer noch – das mußten sie zugeben – keine vollständige Gleichheit. Ein Teil der Empfindungen war ganz offensichtlich aus dem Bereich verschwunden, in dem die Bewohner sie wahrnehmen konnten.

Wir wissen, daß dieser Verlust an Empfindungen in

Wirklichkeit der Anteil des Schmerzes war, den der König erlitt, um ihr gesamtes Leben in Gang zu halten.

Doch die Bewohner wußten nichts davon, und sie gelangten zu einer ganz anderen Schlußfolgerung. Sie sagten: «Vergeht unablässig ein Teil des Gefühls der Bewohner im Tal – trifft dies wirklich zu –, so mag dieser Teil nicht zerstört sein, für uns aber ist er unwiederbringlich verloren.»

Und dann dachten sie: «Der Gesamtbetrag des Gefühls muß immer derselbe sein. Geht nun unablässig ein Teil davon in eine Form über, in der wir es nicht empfinden können, so wird der Anteil, der bleibt und den wir empfinden, immer geringer.»

Und sie schlossen daraus, daß die Empfindungen der Bewohner des Tales immer geringer werden würden. Sie würden immer weniger fühlen. Nach einer gewissen Zeit, die sie durchaus plausibel berechneten, würde jedes Gefühl die Bewohner verlassen und in eine andere Form übergehen, in der es unwiderruflich verloren sei. Und alle Bewohner des Tales würden in Leblosigkeit versinken.

So stießen sie also im Verlauf ihrer Forschungen auf das Tun des Königs, das die Ursache für das Leben im Tal war, und sie begriffen es als die allmähliche Auflösung des Lebens.

Erwähnen wir noch das kleine Gebäude, das sich zwischen den beiden Versammlungshäusern befand.

Als der König Freude und Schmerz mit den einzelnen Teilhandlungen verbunden hatte, die er die Bewohner des Tales ausführen lassen wollte, war es notwendig gewesen, den angenehmen Teil an den Anfang zu setzen. Durch den zu jedem einzelnen zurückkehrenden Strahl war es dem König gelungen, jeden Bewohner auch zu der folgenden schmerzhaften Teilhandlung zu bewegen, so daß beide zusammen die vollständige Handlung bildeten, die der König ersonnen hatte. Diese Kette war allerdings nicht sehr sicher; denn die Bewohner neigten dazu, den angenehmen Teil zu tun und den schmerzhaften zu lassen.

Nun setzte der König in Dingen, die für den Fortgang des Lebens notwendig waren, die Tätigkeit der Bewohner immer wieder von neuem in Gang, indem er wiederholt den Schmerz der schmerzhaften Handlung übernahm; denn wenn die Bewohner den angenehmen Teil getan hatten, gerieten sie in einen Zustand der Mattigkeit, bis der Schmerz des schmerzhaften Teils von ihnen ertragen oder vom König übernommen worden war. Gehörte nun diese Handlung, von der sie nur den angenehmen, aber nicht den schmerzhaften Teil übernahmen, zu den grundlegenden Dingen ihres Lebens, so brachte der König, indem er ihren Schmerz übernahm, sie wieder in eine vorteilhafte Lage, und sie konnten den Handlungsablauf mit einem neuen angenehmen Teil wiederaufnehmen. Häufig gewöhnten sie sich dann wieder an ihre Tätigkeit und ertrugen selbst den Schmerz des schmerzhaften Teils. Viele aber, denen der König immer wieder beigestanden hatte, mußte er schließlich in Leblosigkeit versinken lassen; dies waren die Bewohner, die niemals den schmerzhaften Teil selbst übernahmen.

Nun war das kleine Gebäude der Versammlungsort, an dem die Forschungskammer tagte, die nach neuen Freuden suchte. Was damit gemeint war, soll im folgenden beschrieben werden. In den Handlungen, aus denen sich die wichtigsten Tätigkeiten im Leben der Bewohner zusammensetzten, war es nicht ohne Gefahr, den angenehmen Teil zu tun und den schmerzhaften zu lassen; denn dies führte dazu, daß die Bewohner allmählich in Leblosigkeit versanken. Der König hatte jedoch neben diesen grundlegenden Tätigkeiten auch andere eingeführt. Und übernahmen sie nur den angenehmen Teil dieser weniger wichtigen Handlungsabläufe, so war der Fortgang des Lebens im wesentlichen nicht gefährdet, sondern sie hatten nur eine zusätzliche Freude. Natürlich mußte der Schmerz des schmerzhaften Teils dennoch erlitten werden, aber da sie ihn nicht erlitten, mußte ihn der König übernehmen.

Vor langer Zeit hatte der König durch einen der Bewohner des Tales die Botschaft verbreiten lassen, sie sollten nicht den angenehmen Teil einer Handlung tun und den schmerzhaften lassen. Doch inzwischen erinnerte sich niemand mehr daran, und das kleine Gebäude war errichtet worden, damit an diesem Ort über angenehme Teilhandlungen geforscht und entschieden würde. Hier wurde jede nur mögliche neue Tätigkeit beraten, ihre angenehmen Seiten wurden beschrieben und genau daraufhin untersucht, wie angenehm sie waren, und die Ergebnisse wurden im ganzen Land bekanntgemacht.

Achtes Kapitel

Neben den beiden wichtigsten Gebäuden der Hauptstadt gab es zahlreiche andere Gebäude, die verschiedenen Zwecken dienten. Einige der wichtigsten waren Schulen, in denen die jungen Bewohner erzogen wurden.

Nun gab es in der Schule für angewandte Empfindungen einen Schüler, der zwar nach außen hin so aufgeweckt schien wie die meisten seiner Kameraden, in Wirklichkeit aber der am weitesten zurückgebliebene war. Er lernte irgendwie alle Lehren, die aufgestellt worden waren, und er konnte, wie es schien, auch erklären, wie ein Gefühl aus einem anderen entstand. Innerlich jedoch begriff er gar nichts. Es schien ihm, anders als allen seinen Kameraden, der Sinn für den Zusammenhang zwischen Ursache und Wirkung zu fehlen. Dies wird die folgende Episode vor Augen führen.

Der König hatte, um zu verhindern, daß die Bewohner sich allzuweit von der Hauptstadt entfernten, ihre Bewegungen ständig überwacht und unablässig einen Teil des Schmerzes übernommen, den sie empfanden, wenn sie sich auf die Hauptstadt zubewegten. Und er hatte keinen Schmerz für die Bewegungen übernommen, die sie von der Hauptstadt wegführten. Gab es irgendeinen Grund dafür, daß ein Bewohner die Hauptstadt verlassen sollte, so nahm der König den dafür notwendigen Bewegungen so viel Schmerz, daß der Bewohner diese Bewegungen als angenehm empfand. Waren aber alle andern Dinge gleichwertig, so empfanden die

Bewohner Freude daran, sich in der Hauptstadt zu versammeln. Der König erschuf diese allgemeine Tendenz, weil andernfalls die Wesen außerhalb seiner unmittelbaren Aufmerksamkeit umhergewandert und an die Ränder des Tales gezogen wären und sich so von dem von ihm gelenkten regen Treiben entfernt hätten und für die anderen und sich selbst verloren gewesen wären. Dadurch nun, daß er allen Freude daran gab, sich auf die Hauptstadt hin zu bewegen, hielt er sie zusammen und kannte die Richtung, in die ihre Bewegungen tendierten, wenn er es nicht aus einem besonderen Grund so einrichtete, daß es für einen Bewohner angenehmer war, sich von der Hauptstadt zu entfernen.

Wie oben schon erwähnt, waren sich die Bewohner dieser allgemeinen Tendenz bewußt; und sie wußten genau, daß jeder einzelne in die Hauptstadt strebte und daß er nur davon abgehalten werden konnte, wenn ihn ganz besonders wichtige Interessen an einem anderen Ort festhielten oder alle verfügbaren Stellen in der Stadt schon besetzt waren. Wurde in der Stadt irgendeine Stelle frei, so war es ein leichtes, sie durch die Bewohner aus der Umgebung zu besetzen; denn zu diesem Mittelpunkt strebten alle hin.

Nun hatten die Gelehrten des Tales diese Tatsache schon vor langer Zeit als eines der wichtigsten Gesetze des Tales erkannt. Und die Schüler in der Schule für angewandte Empfindungen betrachteten dieses Gesetz als gültig und alles daraus Abgeleitete als offenkundig. Doch der Schüler, von dem die Rede ist, hatte, wenn er an dieses Gesetz dachte, kein so glückliches und eindeutiges Gefühl. Er empfand es nicht unbedingt als wahr.

Eines Tages, als der Rektor der Schule zu den ältesten Schülern sprach – die ihr Studium fast abgeschlossen hatten und bald ihren Platz im Leben des Tales einnehmen würden –, äußerte er beiläufig die Bemerkung, die Bewohner, die sich von der Hauptstadt weg bewegten, würden ebenso von ihre angezogen, wie die Bewohner, die sich zu ihr hin bewegten.

«Warum verlassen sie sie dann?» fragte der zurückgebliebene Schüler, dem es durch die große Nachsicht der Lehrer und durch stures Auswendiglernen der Gesetze nach langer Zeit und mit viel Mühe gelungen war, in die höchste Klasse aufzusteigen. Er vergaß seine übliche Vorsicht und die allmählich übernommene Gewohnheit, nur die Fragen zu stellen, die andere Schüler auch schon gestellt hatten, und seine Erinnerung durch die Antworten aufzufrischen, die er früher schon gehört hatte.

Der Lehrer runzelte die Stirn, als er die dumme Frage hörte. «Das angenommene Wesen», antwortete er, «wird zwar nach dem allgemeinen Gesetz von der Hauptstadt angezogen, doch mag es zu einem gegebenen Zeitpunkt mehr Veranlassung haben, sich von ihr zu entfernen. Die Tatsache, daß es sich bewegt, beweist natürlich, daß seine zeitweilige Veranlassung, sich zu entfernen, stärker ist als sein dauerndes Streben in die Metropole.»

Der Schüler dankte für die Antwort. «Aber...»

«Nun?» fragte der Lehrer.

«Der einzige Grund, aus dem Ihr ableitet, daß das Wesen von der Hauptstadt angezogen wird, ist, daß es sich dorthin bewegt. Ich sehe nicht, warum Ihr sagen könnt, es sei angenehmer für dieses Wesen, sich auf die Hauptstadt zuzubewegen, wenn es dies doch nicht tut.»

«Aber wir wissen es», antwortete der Lehrer.

«Nein», sagte der Schüler, «Ihr nehmt es nur an; weil Ihr es bei vielen Gelegenheiten feststellt, nehmt Ihr an, es sei immer so. Ihr seid wie ein Wilder, der einen Angriff auf das Haus eines zivilisierten Menschen unternimmt. Er versucht es am Fenster und trifft dort auf den zivilisierten Menschen; er versucht es an der Tür, und er trifft auf den zivilisierten Menschen; er geht zurück zum Fenster, und wieder trifft er auf ihn. Und nun schließt er, daß zwei Männer im Haus sind, und nach einer Weile folgert er, daß so viele Männer im Haus sind, wie es Möglichkeiten gibt, hineinzugelangen.»

Der Schüler hatte sich selbst vergessen, als er so sprach; und der Vergleich mit einem Wilden mochte zwar im Eifer und vor allem um der Anschaulichkeit willen gewählt worden sein, doch er beleidigte den Lehrer dennoch, deshalb sagte dieser:

«Du glaubst also nicht, daß das Gesetz der Anziehung zum Mittelpunkt ein universales Gesetz ist und auf alle Bewohner Anwendung findet?»

«Ich kann es nicht glauben», erwiderte der Schüler.

«So gehe an den Ort, an dem du es am eigenen Leibe spürst», sagte der Lehrer. «Morgen wirst du an die äußersten Ränder des Tales gehen und bleiben, bis du anderen Sinnes bist.»

Dies sagte er in einem überlegenen und zugleich wohlwollenden Ton. Doch die Hoffnungen eines jeden Schülers zerschlugen sich, wenn er so in die Verbannung geschickt wurde. Trotzdem war der Lehrer gänzlich im Recht, und dies wußte der Schüler. Er hatte diese Gefahr immer gemieden, seitdem er die Schule besuchte, und nun brach sie über ihn herein; denn so, wie sie lange zuvor an einen König geglaubt hatten und jeden bestraften, der diesen Glauben anzweifelte und sich zu erkennen gab, so hatten sie nun, da alle diese Vorstellungen widerlegt waren, strenge Vorschriften, die den Glauben an die Gesetze schützten. Die Gelehrten waren eine Priestersekte, und wer immer drohte, Verwirrung und Unordnung zu stiften, indem er auch nur einem der bekannten Gesetze seine Anerkennung verweigerte und das unwissende Volk dahin führte, die Gesetze zu mißachten und zu leugnen, der mußte harte Strafen erleiden. Im Falle des Schülers war der Irrtum nicht so schlimm, denn er hatte sich seiner Verfehlung in der Anwesenheit hochgebildeter Menschen schuldig gemacht, denen seine Torheit nur ein Lächeln entlocken konnte. Doch in seiner Anmaßung hatte er den Rektor der Schule beleidigt, und jedem erschien seine Strafe als milde und gerecht. Dennoch war er nicht gänzlich im Unrecht; denn es war nicht so, daß der König (wenn er wollte, daß ein Bewohner sich von der Hauptstadt entfernte) wie immer einen Teil des Schmerzes für die Bewegung in die Richtung der Hauptstadt auf sich nahm und dies zugleich durch einen noch größeren Anteil an Schmerzen für das

Verlassen der Hauptstadt aufwog. Sollte ein Bewohner die Hauptstadt verlassen, so ließ er ihn eine neue Handlung beginnen, die demselben Gesetz unterlag wie die Handlungen aller Bewohner des Tales – daß nämlich eine jede Bewegung gleichermaßen mit Freude und mit Schmerz verbunden war. Und der König übernahm einen Teil des Schmerzes für die Bewegung, die aus der Stadt hinausführte.

Als nun der Schüler verbannt worden war, erforschte er gewissenhaft, worin er gefehlt hatte. Der Ort seiner Verbannung lag am Rande des Tales. Dort lebte eine friedfertige Rasse Wilder vom Akkerbau. Das ruhige, gleichförmige Leben an diesem Ort gab ihm Gelegenheit, über sein bisheriges Leben nachzudenken, doch er konnte immer noch nicht anders empfinden. Und wie er so über sein Leben nachsann, mischte er sich unter die Wilden und lebte wie sie. Zu seinem großen Erstaunen fühlte er sich eigenartig wohl unter ihnen, als er sich von der Last seiner Gedanken befreit hatte. Ihre Vorlieben schienen auch die seinen zu sein. Und er gelangte zu der Ansicht, daß er in Wahrheit ein Wilder sei, dessen Aufnahme in die Schule auf einem Irrtum beruhte. Und mit diesen Gedanken teilte er ohne Vorbehalte das Leben der Bewohner in seiner Umgebung. Als die Zeit verging, gewann er das Vertrauen des wilden, unzivilisierten Volkes, und sie sprachen ohne Furcht zu ihm.

Viele seltsame Überlieferungen wurden von Generation zu Generation weitergegeben. Einige stammten aus der Zeit, als der König im Tal gewandelt war und zu den Kindern sprach, die ihm ihr Leben verdankten. Andere waren entstanden, als unter ihnen einer erschien, dem der König einige seiner Strahlen gegeben hatte, so daß er die Fähigkeit besaß, den Schmerz in den Handlungen anderer zu teilen und sie so zum Handeln zu bewegen und zum Leben zu erwecken. Und von allen diesen Überlieferungen sprachen sie auch zu dem verbannten Schüler.

Nun glaubten sie aber das folgende. Sie waren überzeugt davon, daß es über ihnen eine größere Macht gab, und in dieser Macht erkannten sie den König; doch wie diese Macht auf sie einwirkte, wußten sie nicht. Dennoch war der König in ihrer Vorstellung mit Freude und Schmerz verbunden. Sie dachten, es schmerze ihn, wenn sie Freude empfanden, doch sie ahnten nicht, in welcher Weise dies wirklich geschah. Sie dachten einfach, es schmerze ihn zu sehen, daß sie sich die Freude nahmen. Und sie glaubten, er würde ihnen alle Freude nehmen und nichts als den Schmerz lassen, wenn er einmal keinen Gefallen mehr an ihnen habe.

Nun sah der Schüler, mit welchen Irrtümern und Widersprüchen ihr Glaube behaftet war. Er wußte, daß die Bewohner allein nach der Freude strebten und daß, wenn der Schmerz so stark war wie die Freude, sie in eine matte Reglosigkeit versanken und allmählich dahinschieden. So wußte er auch, daß die Bewohner in seiner Umgebung das Tun jener unbekannten Macht nicht richtig erkannten. Doch daß sie sagten, ihre Freude sei die Ursache für den Schmerz jenes Wesens, hinterließ einen tiefen Eindruck bei ihm. Er konnte nicht billigen, wie sich ihr Glaube auf ihr Leben auswirkte, denn es verlief recht trübselig, auch wenn ihnen ihre Heiterkeit oft nur nicht bewußt war. Doch er kannte die wissenschaftlich erwiesene Tatsache, daß das Maß der Empfindung immer weiter abnahm; und da er auch wußte, daß die Bewohner des Tales nichts unternahmen, wenn es nicht mit mehr Freude als Schmerz verbunden war, folgerte er, daß zwar sowohl die Freude als auch der Schmerz geringer werden mochten, daß der Schmerz aber in einem stärkeren Maße nachließ. Da nun die Empfindungen sich nicht einfach in das Nichts auflösten, sondern sich lediglich der Wahrnehmung der Bewohner entzogen, folgte daraus, daß sie auf ein anderes Wesen übergingen. Es schwand nicht das Gefühl selbst dahin, sondern die Bewohner empfanden es nicht mehr. Gibt es, fragte er sich, ein Wesen – von dessen Macht dieses einfache Volk erzählt –, das den Unterschied zwischen dem Maß an Freude und dem Maß an Schmerz erträgt und so unser Leben lebenswert macht? Und meinen sie dies, wenn sie sagen, durch unsere Freude werde diesem Wesen Schmerz zugefügt? Lesen sie einfach die Wahrheit – daß nämlich sein Schmerz unsere Freude ermöglicht – einfach rückwärts, wenn ihre Überlieferung besagt, unsere Freude verursache seinen Schmerz?

Als er in seinen Überlegungen bis hierhin gelangt war, erinnerte er sich an eines seiner Bücher, in dem von den alten Überlieferungen des Tales die Rede

war. Dieses Buch hatte er durch einen Zufall mitgenommen, als er in die Verbannung geschickt worden war. Er holte es heraus, und als es Abend wurde, vertiefte er sich in seine Seiten. Und in einer Anmerkung am Ende des Buches las er:
«Die Existenz einer Macht, die das Leben im Tal zum Wohle der Bewohner gestaltet, ist eindeutig widerlegt worden. Erstens durch das Maß an Leiden in diesem Tal, zweitens durch die geringe Zahl an Lebensformen und die stete Veränderung eines einzigen Lebensplans, durch den die verschiedensten Ergebnisse gewährleistet werden müssen – obgleich dies sehr viel einfacher durch grundlegend verschiedene Formen und Mittel erreicht werden könnte, drittens durch das Fehlen jeden Hinweises auf die Existenz einer solchen Macht, es sei denn, in der Überlieferung der nicht zivilisierten Stämme.»
Als der Schüler dies gelesen hatte, erhob er sich und ging in seiner Kammer auf und ab; denn er sah deutlich, daß wenn die Macht jenes Wesens darin lag, einen Teil des Schmerzes zu übernehmen, die erste dieser Begründungen hinfällig war. Daß es im Leben der Bewohner des Tales Schmerzen gab, würde beweisen, daß jene Macht nur einen Anteil, nicht aber den gesamten Schmerz übernahm. Und die zweite Begründung würde nichts anderes aussagen, als daß das Wesen, das durch seinen Schmerz den Bewohnern Leben gab, von seiner Kraft nichts vergeudete – daß es seine Ziele mit einem möglichst geringen Einsatz zu verwirklichen suchte.
In seine Gedanken vertieft, ging er hinaus.
Nun mag es erstaunen, daß der König sich dem

Schüler nicht auf irgendeine Weise mitteilte; denn durch seine Strahlen wußte er von all den Gedanken, die diesen bewegten. Doch der König hatte wieder und wieder festgestellt, daß sein Erscheinen im Tal sich auf die Bewohner zunächst zwar gut, später jedoch um so verheerender auswirkte; denn die Ziele, die er sich zu verwirklichen vorgenommen hatte und zu denen er die Bewohner führen wollte, waren viel großartiger, als daß auch nur einer unter ihnen sie hätte begreifen oder sich vorstellen können. Und sobald sie mit ihm in Verbindung traten, glaubten die Bewohner, sie würden seinen letzten Willen kennen. Und sie waren ganz besonders starrsinnig, und es dauerte lange Zeit, selbst die aberwitzigsten Vorstellungen auszuräumen, die sie entwickelten, wenn sie sich seiner Zustimmung sicher glaubten, weil er sich ihnen gezeigt hatte.

Als nun der Schüler ins Freie trat, sah er nichts als die Sterne und hörte nichts als den Wind. Doch er kannte den Weg so gut, daß er ohne zu straucheln rasch in der Dunkelheit voranschritt. Er war noch nicht weit gekommen, als er ein Leuchten sah. «Ist dies der Mond, der aufgeht?» fragte er sich. Doch er bemerkte, daß er an dem Licht vorbeigegangen war und es hinter sich gelassen hatte. So hätte er am Mond nicht vorbeigehen können. Er kehrte zurück zu dem Licht, und es erschien ihm wie ein schlanker Lichtstab. Er berührte ihn, und obgleich er nichts fühlte, konnte er ihn nehmen und mit diesem Lichtstab in der Hand seinen Weg fortsetzen.

Er war noch nicht weit gekommen, da stieß er auf

etwas, das auf seinem Weg am Boden lag. Er beugte sich hinunter und berührte es mit seiner Hand; da sah er, daß es die Gestalt eines der Bewohner war. «Die Müdigkeit hat ihn überwältigt, vielleicht kann ich ihm helfen?» dachte er. Er richtete sich auf und sah sich um und berührte mit dem Lichtstab in seiner Hand die am Boden liegende Gestalt. «Ich wollte, er könnte sich selbst erheben», dachte er. Und kaum hatte er diesen Wunsch in seinen Gedanken geäußert, fühlte er Schmerzen in seinen Gliedern, und die Gestalt erhob sich.
«Ich konnte mich nicht bewegen», sagte das Wesen, «bis du gekommen bist, auch wenn ich noch so viele Gründe hatte, weiterzugehen, war der Schmerz so stark wie die Freude.»
«Wer bist du?»
«Ich bin ein Wanderer, und ich will wieder dahin zurückkehren, wo ich geboren wurde; dort werde ich Hilfe finden.»
Nun lebte in dem Tal eine Gruppe, die Wanderer genannt wurden; und es hatte sich erwiesen, daß sie keine wirkliche Arbeit leisten konnten. Wenn sie niemand etwas zu Leide taten, erlaubte man ihnen, herumzuziehen und von der Mildtätigkeit der anderen zu leben. Der Schüler ging neben dem Wanderer her, und bei jedem Schritt, den dieser tat, spürte er einen Schmerz in seinen Gliedern. Doch die beiden schritten rasch voran, bis sie zu dem Haus gelangten, das der Schüler kurz zuvor verlassen hatte. Er führte den Wanderer hinein und ließ ihn in seiner Kammer ruhen. Dann packte er das Nötigste und ging wieder hinaus.

Neuntes Kapitel

Als er sah, daß der Wanderer versorgt war, beschloß er, einen Freund aufzusuchen, der in einer Stadt nicht weit von der Hauptstadt lebte. Dieser Freund war sein engster Gefährte gewesen, als er sein Studium aufgenommen hatte, doch weil er älter war, hatte er es früher abgeschlossen und die Hauptstadt verlassen, bevor der Schüler von seinem Mißgeschick ereilt worden war. Als dieser nun den Ort seiner Verbannung verließ, machte er sich strafbar, und er gab auf, was man ihm dort zur Verfügung gestellt hatte, damit er sein Leben fristen konnte. So mußte er sich als Wanderer auf den Weg machen und auf die Freigiebigkeit der Bewohner hoffen, denen er begegnen würde.

Meist wurde er freundlich aufgenommen. Die Gegend war weit von der Hauptstadt entfernt, und die Bewohner freuten sich, wenn sie mit einem Fremden sprechen konnten – und die Wanderer wußten meist viel zu erzählen. Doch zu keinem sprach er von dem, was er in seinen Gedanken bewegte – bis auf eine Gelegenheit.

Als er früh am Morgen seines Weges ging, grüßte ihn ein Bewohner, offenkundig ein wohlhabender Bauer. Irgend etwas an der Erscheinung des Schülers schien ihm zu gefallen; denn als er erfuhr, daß er auf dem Weg zu einer fernen Stadt sei, bat er ihn, zu bleiben und das erste Mahl des Tages mit ihm zu teilen. Dieser Bewohner war ein Mitglied des Rats für Freude und Schmerz gewesen. Doch die sitzende Lebensweise war ihm zu anstrengend geworden,

und er war auf das Land gezogen, um auf seinem kleinen Besitz wieder zu Kräften zu kommen.
«War es dort, wo du herkommst, nicht sehr eintönig?»
«Nein, ich habe festgestellt, daß das Volk in dieser Gegend mir sehr viel Interessantes zu sagen hatte.»
«Sie glauben an seltsame Überlieferungen. Ich erinnere mich an eine Besprechung in unserem Rat, in der es darum ging, ob sie bösartig oder harmlos seien, und wir kamen darin überein, daß sie harmlos seien und sich wahrscheinlich nicht weiter ausbreiten würden.»
«Ich habe viel mit ihnen gesprochen, seitdem ich unter ihnen lebe, und ich bin zu dem Schluß gekommen, daß vieles von ihren Überzeugungen richtig ist.»
«Aber nein! Du kannst doch nicht ernsthaft meinen, unsere Freude bereite einem Wesen außerhalb von uns selbst Verdruß.»
«Nein, aber ich kehre zurück zu der althergebrachten Vorstellung, die auch dir bekannt ist, und nach der es ein Wesen gibt, das uns ins Leben ruft und das über uns ist; und ich glaube, daß dieses Wesen Schmerzen erleidet und uns so das Leben lebenswert macht. Du weißt, daß ein Teil des Gefühls verlorengeht, und du weißt, daß mehr Schmerz als Freude verlorengehen muß.»
«Wie soll ich das wissen?»
«Wir wissen, daß es nicht sehr viel mehr Freude als Schmerz gibt. Wäre nun zu allen Zeiten das Gefühl, das verlorenging, Freude gewesen, so gäbe es heute einen Überschuß an Schmerzen und wir würden

alle unverzüglich in Reglosigkeit versinken. Also schwindet entweder Freude und Schmerz oder aber nur der Schmerz dahin. Ich meine, es ist nur der Schmerz. Diese seltsamen Überlieferungen sind wahr und nur in einer eigentümlichen Weise zum Ausdruck gebracht. Das Wesen über uns erleidet ohne Unterlaß Schmerzen, um uns das Leben lebenswert zu machen und uns zum Handeln und Leben zu bewegen. Der Schmerz in unserem Leben ist also der verbleibende Schmerz, den dieses Wesen nicht für uns übernimmt.»

«Dies scheint mir eine triste Lehre. Ich sehe, welchen Reiz die Vorstellung von einem allmächtigen, starken und glorreichen Wesen besitzt, aber nicht die von einem leidenden.»

«Als du ein Kind warst, dachtest du, dein Vater könne alles; doch als du älter wurdest, sahst du, daß auch er seine Schwierigkeiten hatte. War deshalb deine Achtung vor ihm oder deine Dankbarkeit für das, was er dir tat, geringer?»

«Nein. Und du meinst, daß wir diesem Wesen dankbar sein sollten, auch wenn wir von seiner Existenz nicht in dieser Weise überzeugt sind?»

«Wir sollten ihm ganz gewiß dankbar sein, und wenn ich unsere Einstellung ihm gegenüber bedenke, ist dies etwas durchaus Neues. Aber abgesehen von unserer Dankbarkeit sehe ich nicht, welches Gefühl wir vermissen sollten, so wie du ein Gefühl zu vermissen scheinst. Weißt du nicht mehr, wie uns im Verlauf unseres Studiums gesagt wurde, es gebe zwei Seiten des Wissens – eine, die der Erfahrung entspricht, und eine, die wir durch unser

eigenes Denken erschaffen – so daß bestimmte Eigenschaften, die wir zunächst in der Natur der Dinge selbst vermuten, sich nach einigem Nachdenken als Ausfluß unseres eigenen Denkens erweisen?»
«Ja, wir erkennen die Wirklichkeit nicht objektiv, sondern so, wie es uns unsere Wahrnehmung vorgibt.»
«Und natürlich läßt uns unsere subjektive Wahrnehmung bestimmte Eigenschaften als Teil der realen Existenz erkennen, obwohl sie keinesfalls ein Teil davon sind. Diese Eigenschaften werden durch unseren Geist erschaffen. Vor langer Zeit glaubte man, sie seien ein Teil der Wirklichkeit und nicht durch uns in sie eingeführt. Und das Eindrucksvolle an der Vorstellung von dem Wesen, über das wir sprechen, entstand vor allem aus der bloßen Vergrößerung und Erweiterung dieser Eigenschaften – die keinerei Entsprechung in der Wirklichkeit finden. Also war die Vorstellung von diesem Wesen deshalb so beeindruckend, weil wir die Eigenschaften erweitern, deren Ursprung in unserem Geist zu suchen ist.»
«Deshalb ist diese Vorstellung allmählich verlorengegangen. Aber gib mir ein Beispiel. Erkläre mir anhand einer bestimmten Eigenschaft, was du meinst.»
«Das kann ich nicht. Dies alles sind nur vage Gedanken; und doch ist ein konkretes Beispiel immer hilfreich. Vielleicht ist das folgende geeignet. Betrachten wir einen Gegenstand, so schreiben wir ihm immer bestimmte Fähigkeiten zu. Jedes

Ding ist mit einer bestimmten Kraft ausgestattet. Es bleibt stabil, es verändert sich, es wirkt sich in irgendeiner Weise auf uns aus. So sehen wir alles, was wir wahrnehmen, als mit irgendeiner Kraft ausgestattet. Da wir nun diese Eigenschaft allen Dingen zuschreiben, ist sie wahrscheinlich in unserem Geist entstanden und damit eher ein Teil des Vorgangs, durch den unser Geist sich eine Vorstellung von der Wirklichkeit erschafft, als eine Eigenschaft der Wirklichkeit selbst. Ist dem so, dann erstellen wir, wenn wir uns ein Wesen mit der Eigenschaft «allmächtig» vorstellen, keinerlei Annahme über das Wesen selbst, sondern wir erweitern nur eine Eigenschaft, die mit dem objektiven Wesen der Dinge wenig zu tun hat. Wir sprechen also nicht mehr über das Wesen, sondern wir erweitern eine Vorstellung, die nur aus der uns einzig möglichen Art der Wahrnehmung hervorgeht.»
«Aber du willst doch sagen, dieses Wesen sei mächtig.»
«Natürlich, wenn wir uns überhaupt Gedanken über ihn machen, müssen wir ihn uns als mächtig vorstellen. Dies verlangt die Natur unseres Denkens. Doch es ist müßig, sich an dem Beriff der Macht aufzuhalten; denn die einzige sinnvolle Frage zielt auf die Art dieser Macht. Einige haben über dieses Wesen nachgedacht und sich bemüht, seine Größe in jeder Hinsicht darzustellen. Doch sind sie dabei nicht immer weise verfahren. Da sie unfähig waren, seine wirklichen Eigenschaften von denen zu trennen, die sie ihm aufgrund ihrer Wahrneh-

mung zuschrieben, stellten sie ihn in einer Weise dar, die einerseits keine Entsprechung in der Wirklichkeit findet und andererseits nicht diejenigen anrührt, die sie beeindrucken soll. So wurde ein Schleier über die Wirklichkeit gebreitet. Die Natur dieses Wesens ist uns verborgen. Wir haben versucht, durch unsere Art der Wahrnehmung die Natur dieses Wesens mit dem Ursprung allen, ja allen Seins zu verbinden. All dieses muß hinweggefegt werden. Dieses Wesen ist die Ursache unseres ganzen Lebens, und doch braucht es Hilfe, so wie du sie verstehst.»
«Ich wünschte, ich könnte dich zu deinem Freund begleiten und hören, was er zu sagen hat.»
«So komm mit mir.»
Und sie gingen zusammen in die Stadt. Auf ihrem Weg war der Schreiber des Rats von einer Lebensfreude erfüllt, wie er sie schon lange nicht mehr gekannt hatte. Sie sprachen miteinander und vertrauten sich einander an. Schließlich gelangten sie vor die Stadt, in der der Freund des Schülers wohnte. Sie trennten sich; der Schreiber ging in die Stadt, der Schüler suchte das Haus seines Freundes. Auf seinem Weg kam er durch ein kleines, dicht bewachsenes Wäldchen. Als er vor sich hin ging, gewahrte er plötzlich, daß er vom Weg abgekommen war. Er hielt inne, um zu überlegen, in welche Richtung er gehen sollte; da hörte er plötzlich ein Geräusch. Da war es wieder. Er drang tief in den dunkelsten Teil des Waldes ein, bis er schließlich auf ein sorgsam verstecktes Kind, einen Säugling, stieß.

Das Kind war kaum verhüllt und halb erfroren. Er nahm es auf und wärmte es. Als es dem Kind ein wenig besser ging, wurde deutlich, warum es versteckt worden war. Sein Atem ging schwer und mühsam. Es litt unter einer Lungenkrankheit, die es bei jedem Atemzug nach Luft schnappen ließ. Im übrigen jedoch war es gut entwickelt und anscheinend kräftig gebaut. Es war wohl schon zu lange ohne Pflege gewesen, als daß es sich noch erholen würde. Der Schmerz der Erschöpfung und der Schmerz seines mühsamen Atmens waren zuviel; es wurde schwächer und schwächer.

«Könnte ich den Schmerz seines Atems erdulden», dachte der Schüler, «so könnte es überleben, bis ich ihm Nahrung gefunden habe.»

Er richtete den Blick nach oben, denn es schien ihm, als habe ihm jemand einen Schlag gegen die Brust versetzt. Doch da war niemand. Der Schmerz hielt an. Er legte das Kind nicht wieder hin, sondern setzte mit ihm zusammen seinen Weg zum Haus seines Freundes fort. Als er dort ankam, bemerkte er eine Stille, wie sie nie in den Häusern der Bewohner geherrscht hatte. Er trat ein und traf auf die Schwester seines Freundes. Er sah sofort, daß etwas geschehen sein mußte. Sie führte ihn in einen schwach beleuchteten Raum, in dem er seinen Freund regungslos und blaß auf einem Lager liegen sah.

«Er hat schon lange sehr gelitten», sagte sie, «wir hofften, er würde durchhalten und dem Schmerz seinen Lauf lassen können, ohne daß er in Leblosigkeit versänke. Doch was wir auch taten, es war alles umsonst.» Der Raum war voller Dinge, die als angenehm galten, und sie blickte um sich, als sie sprach. «Es hat alles nichts genutzt.» Sie nahm das Kind von seinem Arm und ließ ihn mit der reglosen Gestalt ihres Bruders allein.

Als der Schüler sich zu ihm setzte, fühlte er immer noch den seltsamen Druck auf seiner Brust. Er ging hinaus und sah, daß das Kind wieder vollständig zu Kräften gekommen war. Es schien immer noch um Atem zu ringen, doch seine Augen leuchteten, und es lachte.

«Es wird bald wieder gesund sein», sagte die Schwester seines Freundes.

«Sag mir, was mit deinem Bruder geschehen ist.»

Als er von der Krankheit gehört hatte, kehrte er zurück in den Raum seines Freundes. Und als er eine Weile neben dessen Lager gesessen hatte, erfüllte ihn mehr und mehr die Trauer um den Verlust dieses Freundes und das Bedürfnis, seinen Rat zu hören. Diese sinnlose, reglose Hülle, diese leblose Masse war nun das Wesen, nach dessen Rat er sich gesehnt hatte.

Er beugte sich über ihn. «Könnte ich ihn doch nur für einen Augenblick ins Leben zurückholen, könnte ich doch nur eine Stunde lang zu ihm sprechen. Wäre ich bei ihm gewesen, so hätte ich einen Teil seiner Schmerzen ertragen können, bevor sie ihn überwältigten.» Er berührte die leblosen Hände. Sie waren kalt und feucht. Er richtete seinen Blick auf das ausdruckslose Gesicht. Er schien den Schmerz des inneren Kampfes zu fühlen, den sein Freund gegen den Schmerz geführt hatte. Die Ruhe dieser stillen Kammer war für ihn vorüber; er spürte in sich selbst die Beklemmung des Todeskampfes. Ein Schleier legte sich über seine Augen, und die Hand seines Freundes in der seinen haltend, sank er zu Boden. Plötzlich hörte er eine Stimme. Der Laut drang schwach von den Lippen seines Freundes an sein Ohr.

«Ich war sehr krank», waren die Worte, die er leise hörte. «Ich bin so froh, daß du gekommen bist; in meinen schlimmsten Augenblicken habe ich an dich gedacht. Du kommst gerade jetzt, wo es mir besser geht.»

Tatsächlich nahmen seine Züge wieder Gestalt an, seine Hände waren warm. Er war wieder sein Freund im Leben.

Nach wenigen Stunden hatte er sich so weit erholt, daß er hören konnte, was alles geschehen war. Sie führten ein langes und ernstes Gespräch. Der Schüler konnte seinen Freund überzeugen.

«Gehen wir zu deinem Gefährten», sagte er.

Sie gingen zusammen in die Stadt. Dort stellten sie fest, daß der Schreiber zum Gerichtsgebäude gegangen war, in dem man gerade zu Gericht saß. Sie sahen ihn nicht gleich, deshalb lauschten sie den Vorgängen. Eine Frau wurde hereingebracht, die einige Tage im Gefängnis festgehalten worden war, weil es hieß, sie habe ihr Kind versteckt. Die Beweislage war eindeutig. Offenkundig ohne jede Gefühlsregung nahm die Frau ihr Urteil entgegen.

«Sie wird das Gefängnis nicht lebend verlassen», sagte der Freund des Schülers, als er ihren Gesichtsausdruck sah.

Doch aus der Menge der Zuhörer heraus rief der Schüler ihr zu: «Fürchte dich nicht, dein Kind ist in Sicherheit!»
Das Gesicht der Frau hellte sich auf, und sie folgte leichten Schrittes ihren Wärtern.
Der Richter hatte gesehen, wer so gesprochen hatte, und er wollte Befehl geben, den Ruhestörer zu ergreifen, damit er seine Strafe erhalte. Doch der Schreiber, der den Richter kannte und neben ihm saß, sagte:
«Dies ist der Mann, von dem ich dir erzählt habe; ich bitte dich, ihn nicht zu bestrafen.»
Deshalb begnügte sich der Richter damit, alle Zuhörer zur Ordnung aufzurufen.
Zu dem Schreiber jedoch sagte er: «Etwas an ihm ist mir sehr zuwider, sprich mit mir nicht mehr über ihn.»
Danach kamen die drei wieder zusammen und berieten darüber, wie die neuen Gedanken über den König im Volk bekanntgemacht werden könnten.
Es schien am besten, in die Hauptstadt zu gehen und dort mit den Weisesten und Gelehrtesten zu sprechen.
Der Schüler fragte nach dem Kind. Da kam die Schwester seines Freundes und sagte ihm, sein Atem gehe nicht leichter, aber es sei kräftig und heiter.
«Es gehört der Frau, die heute gerichtet wurde», sagte der Schüler, «und muß wohl versorgt werden, bis sie wieder entlassen wird.»
Nachdem er mit sich zu Rate gegangen war, gab sein Freund das Kind einer treuen Dienerin, damit

sie es in die Stadt bringe. Dort würde ein krankes Kind viel eher übersehen werden. «Und du», sagte er, «wirst dich darum kümmern können.»
Als der Schüler und der Schreiber aufbrechen wollten, um sich auf den Weg in die Stadt zu machen, nahm sein Freund ihn beiseite. «Meine Schwester sagt, ich sei in Leblosigkeit versunken gewesen, als du kamst.»
«Ja.»
«Und du habest mich zurückgerufen?»
«Ja.»
«Wie kann ich dir nur danken? Wärst du nicht gewesen, hätte ich mich niemals mehr des Lebens erfreut. Ich danke dir.»
«Danke nicht mir, sondern der Macht, die dein ganzes Leben lang das für dich tut, was ich nur in diesem Augenblick tue. Und auch jetzt solltest du nicht mir, sondern ihm danken, denn nur weil er mir diese Kraft gegeben hat, konnte ich dir einen Teil deiner Schmerzen nehmen.»
Mit diesen Worten verabschiedete er sich von seinem Freund und ging mit dem Schreiber seines Weges.
Sie waren noch nicht weit gekommen, als ihnen eine Schar von Dienern folgte. Sie reihten sich alle am Wegrand auf, doch aus ihrer Mitte trat ein Jüngling hervor.
«Ich habe gehört, was du getan hast, und bin geeilt, dich einzuholen.»
«Was wünschest du?»
«Ich will mit dir gehen. Ich weiß, daß du deinen Freund aus der Leblosigkeit ins Leben zurückge-

holt hast. Keine Macht ist so groß wie diese. Ich besitze viele Reichtümer. Alles, was ich habe, steht dir zu Diensten. Lehre mich, so zu sein wie du.»
Nun hieß Reichtümer zu besitzen in diesem Tal, über eine Fülle von angenehmen Dingen zu verfügen. Zu jener Zeit erlitt der Schüler fortwährend den Schmerz für das Atmen des Kindes und den Schmerz für die Krankheit seines Freundes. Er ahnte, daß er, bevor er Freude empfinden konnte – und dies war verbunden mit dem Besitz von angenehmen Dingen – die Macht aufgeben mußte, die er ausübte; deshalb antwortete er dem Jüngling ein wenig streng:
«Du kannst Reichtümer nicht mit dem vergleichen, was ich tue, noch kannst du das eine gegen das andere tauschen. Gib alle deine Reichtümer auf, dann kannst du anfangen zu lernen, was ich tue.»
Der Jüngling wandte sich ab, doch dann sprach er erneut und sagte:
«Ich will einen großen Teil meiner Reichtümer aufgeben, wenn du mich lehrst.»
«Willst du auch nur einen kleinen Teil behalten, so kannst du nicht tun, was ich tue.»
Daraufhin entfernte sich der Jüngling mit seiner Dienerschaft.

Zehntes Kapitel

Als sie in die Hauptstadt gelangten, holte der Schreiber viele seiner Bekannten zusammen, damit sie den Schüler sahen. Seine Stellung in der Rats-

versammlung gab ihm die Möglichkeit, viele der verdientesten Räte anzusprechen und sie dazu zu bewegen, daß sie kamen und ihre Fragen stellten. Doch sobald sie sich in der Nähe des Schülers befanden, spürten sie eine seltsame Befangenheit. Sie gestanden seinen Worten keine wirkliche Bedeutung zu, sondern fragten sich nur fortwährend, warum er wohl all dies sage, und welches der Unterschied sei zwischen ihnen und ihm.
Und als nun die Zeit verging, erwies es sich, daß keiner, welche Stellung oder Macht er auch besaß, etwas mit ihm gemeinsam hatte. Dagegen sprach er fortwährend mit den Ärmeren im Volk. Vor allem die Kranken erfüllte seine Anwesenheit mit Freude. Er schien die Kraft zu besitzen, die in die Leblosigkeit Versinkenden wieder ins Leben zurückzuholen. Den Bewohnern der Stadt, deren Mühsal am größten war, schienen seine Worte eine Linderung ihrer Schmerzen zu verheißen.
Eines Tages fragte ihn der Schreiber:
«Wie steht es um das Kind?»
«Es ist wohlauf.»
«Doch es scheint immer noch mit derselben Mühe zu atmen.»
«Ja, aber sieh, wie heiter es spielt.»
«Wie kannst du es am Leben erhalten? Jedes andere Kind, von dem ich weiß, würde einem solchen Leiden erliegen. Welche Macht hat dir das Wesen gegeben, von dem du sprichst?»
«Es ist keine Macht in dem Sinne, in dem du meinst.»
«Es kann nichts anderes sein. Bin ich dir nicht

getreulich gefolgt, und habe ich nicht alles getan, damit die weisesten Bewohner der Stadt deine Worte hörten? Nun ist die Zeit gekommen, mir zu sagen, welche Macht du besitzt, und sie mit mir zu teilen.»
«Du weißt nicht, worum du bittest.»
«Sage es mir, ich bitte dich darum.»
«Es ist ganz einfach. Als meine Überlegungen mich zu dem Wissen geführt hatten, daß es ein Wesen über uns gibt, hatte ich keinerlei Botschaft oder Auftrag von ihm. Doch ich erkannte, daß ich von jedem leidenden Wesen, dem ich begegnete, einen Teil seiner Schmerzen nehmen und selber erleiden konnte. Was jener, von dem ich spreche, in jedem Augenblick unseres Lebens für uns tut, tue ich nur zuweilen und in geringem Maße.»
«Doch welche Freude gewinnst du, die dir all dies erträglich macht?»
«Da ist keine Freude. Ich bin froh, daß das Wesen von seinen Schmerzen befreit ist und daß es lebt, anstatt in die Leblosigkeit zu versinken.»
«So sagst du, es gebe keine Hoffnung?»
«Ich hoffe auf eine Zeit, in der ich mehr über das Wesen weiß, dessen Existenz ich erkenne.»
Der Schreiber schwieg und ging hinaus. Als er noch über die Antwort auf seine Fragen nachdachte, kam ein Bote zu ihm, der vom Vorgesetzten des Rats für Freude und Schmerz gesandt war und ihn zu einem Gespräch bat.
Als der Schreiber zu dem obersten Ratsherrn geführt worden war und allein mit ihm sprechen konnte, sagte dieser:

«Ich möchte mit dir in Ruhe über deinen Gefährten sprechen.»

«Das will ich gern tun.»

«Als du dein Amt niederlegtest und dich zurückzogst, erwartetest du nicht, so bald wieder mit den Geschäften der Staatsführung befaßt zu sein.»

«In der Tat, und ich weiß nicht, was du damit meinst, daß ich mit Geschäften der Staatsführung befaßt sei.»

«Was ich sagen will, ist ganz einfach. Die fortwährenden, von Generation zu Generation weitergeführten Beratungen der Weisen, die sich in der Ratskammer versammeln, waren die Ursache für den unaufhaltsamen Fortschritt unseres Volkes. Keiner ihrer Beschlüsse wird übereilt oder mit Gewalt durchgesetzt; sondern jede Verbesserung wird Schritt für Schritt erarbeitet. Daneben jedoch hat es zu allen Zeiten Unruhen im Staat gegeben, weil gewisse Lehren vorgebracht wurden; und manchmal sind sie gut, und wir sollten sie fördern; manchmal kennen wir ihre Bedeutung nicht und müssen sie prüfen; manchmal richten sie sich gegen das Glück in unserem Staat, und es obliegt uns die schwere Verantwortung, ihre Verbreitung zu unterbinden. Du nun hast in deiner Stellung mehr Gelegenheit als jeder andere, zu wissen, wohin die Lehren deines Gefährten führen. Ich habe nach dir schicken lassen, weil ich dich bitten will, diese schwere Verantwortung mit mir zu teilen.»

«Ich glaube nicht, daß ich dir helfen kann. Gewiß ist, daß er keinem ein Leid zufügen will. Welches Unrecht kann in seinen Lehren liegen?»

«Ich will weniger über seine Lehren als über etwas anderes mit dir sprechen. Viele, die mit ihm sprachen, stimmten darin überein, daß sie in seiner Gegenwart eine seltsame Beklemmung verspürten. Einer meiner verdienstvollsten Freunde sagte sogar: ‹Er gab mir das Gefühl, ich sei eine Puppe.› Welches Recht nun hat er, einem sehr verdienten Bewohner ein solches Gefühl zu geben? Ich will dich selbst fragen, ob auch du dieses Gefühl schon gehabt hast?»
Der Schreiber zögerte.
«So sage mir wenigstens, ob es dir jemals leicht fiel, Einfluß auf ihn zu nehmen?»
«Nein, es schien mir nie, als könne ich ihn auch nur im geringsten beeinflussen. Die Gründe seines Tuns scheinen keine gewöhnlichen zu sein.»
«Würdest du sagen, es wäre ein Gewinn für das Volk, wenn viele so würden wie er? Wäre unser Volk dann nicht schwer zu regieren?»
«Gewiß wäre es dann schwer zu regieren.»
«Würde es diesen Bewohnern oder den übrigen mehr Freude geben?»
«Es gäbe ihnen selbst nicht mehr Freude», antwortete der Schreiber, als er an die Schmerzen seines Gefährten dachte, «doch für die übrigen Bewohner könnte es von Vorteil sein.»
«Ja», sagte der oberste Ratsherr, «hierin liegt seine Stärke. Er ist ein sehr geschickter Arzt oder Betrüger, und er hat das Volk auf seiner Seite, weil er die Kranken heilt. Kannst du mir etwas über sein Leben sagen?»
«Ich habe von ihm gehört, daß er ein Schüler war

und daß er in die Verbannung geschickt wurde. Dort entwickelte er die neuen Lehren, und er verließ den Ort, an den er verbannt worden war. Und auf seinem Weg gesellte ich mich zu ihm.»
«Dies wissen wir, und es liegt in unserer Macht, ihn nach den Vorschriften zur Rückkehr an den Ort seiner Verbannung zu zwingen und ihn dafür zu bestrafen, daß er diesen Ort verlassen hat.»
«Wenn dies in eurer Macht steht, warum schickt ihr ihn dann nicht zurück, wenn ihr doch glaubt, dem Staat sei am meisten gedient, wenn er fernab von hier wäre?»
«Mein guter Freund, auf deinem Platz in der Ratsversammlung hast du viele unserer öffentlichen Beratungen gehört; doch da wir uns nun unter vier Augen beraten, will ich dir sagen, daß die Kunst des Regierens tiefere Geheimnisse birgt, die du in Bälde erkennen wirst. Nähmen wir diesen Schüler fest und schickten ihn fort, so würde das Volk nicht erkennen, wie recht wir tun. Das Volk will ihn jetzt, und es würde sagen, wir benutzten die Gesetze, um uns seiner zu entledigen. Gewiß müßte etwas in dieser Art geschehen, wenn seine Anhänger gewalttätig würden. Doch in diesem Fall ist die Durchsetzung eines solchen Beschlusses nur dann von Umsicht getragen, wenn er dem Volk als gerecht erscheint. Sonst lenken wir die Aufmerksamkeit des Volkes nur noch mehr auf ihn als bisher.»
Der Schreiber schwieg. Daraufhin fuhr der oberste Ratsherr fort:
«Ich bedaure, daß unserem Gespräch so wenig Erfolg beschieden war; denn ich hoffte, ich fände in

dir einen Nachfolger für den freien Sitz in der Kammer. Ich weiß, daß du dafür geeignet wärst. Doch vor seiner Ernennung muß der Bewerber den Nachweis seiner Weisheit erbringen. Bis hierher hattest du keine Gelegenheit; doch ich dachte, du könntest in diesem schwierigen Fall, in dem du so viel mehr als jeder andere Gelegenheit zur Beobachtung hast, deine geistige Stärke zeigen und meine Einschätzung deiner Person bestätigen. Aber gewiß wird sich dir in Zukunft einmal die Gelegenheit dazu bieten, wenn dieser schwierige Fall vergessen ist.»
Der oberste Ratsherr zeigte durch eine Geste, daß das Gespräch beendet war; doch der Schreiber blieb an seinem Platz.
«Alles, was wir wollen», faßte der oberste Ratsherr zusammen, «ist die Ansicht eines Eingeweihten darüber, ob dieser Erneuerer eher Schmerz oder Freude verursacht, wenn wir ihm Gehör schenken. Kannst du uns raten? Neben seinen Bekenntnissen in der Öffentlichkeit ist jedes noch so geringe Wissen über seine innersten Überzeugungen wertvoll.»
«Ich möchte zu dir über etwas Seltsames sprechen, das mich in gewisser Weise belastet hat.»
Der oberste Ratsherr zeigte durch eine Geste sein Einverständnis, und der Schreiber sprach zu ihm von dem Kind und davon, wie es am Leben gehalten worden war.
«Und mit diesem Kind», sagte er, «sind wir zusammen, wenn unser Tagwerk getan ist.»
«Dies ist in der Tat eine seltsame Geschichte»,

erwiderte der oberste Ratsherr, «und du tust recht daran, mir über sie zu berichten. Ich war gewiß, daß ich auf deine Klugheit vertrauen könnte. Du hast mir den besten Beweis geliefert, auf den ich hoffen konnte. Wir müssen die Bedeutung dieser Angelegenheit überprüfen.»

Als der Schreiber an diesem Abend in den Raum zurückkehrte, den sie gemeinsam bewohnten, beugte sich der Schüler erschöpft über das Kind. Er ging zu ihm hin und legte die Hand auf seine Schulter. Das Kind blickte zu ihnen auf und lachte. Es schien recht fröhlich, obwohl es sichtlich Mühe hatte zu atmen. Der Schüler sah in das Antlitz seines Gefährten. Seine Erschöpfung schwand sogleich dahin, und ein starkes, warmes Leuchten lag in seinem Blick.

«Du scheinst bedrückt, mein Freund. Ich weiß, du bedauerst die Art, in der all die weisen und bedeutenden Männer, die du zu mir gebracht hast, mich betrachten, und du mußt traurig sein, weil sie dich weniger schätzen als zuvor. Kann ich dir helfen, deinen Kummer zu tragen?»

In diesem Augenblick öffnete sich die Tür, und ein Bote trat ein und überreichte dem Schreiber ein versiegeltes Päckchen. Er erbrach das Siegel und sah, daß das Päckchen seine Ernennung auf den freien Sitz in der Ratskammer enthielt. Doch sein Gesicht hellte sich nicht auf. Er antwortete seinem Freund niedergedrückt, und so ging der Tag zur Neige.

Elftes Kapitel

Am nächsten Morgen erhob sich der Schüler früh und machte sich allein auf den Weg. Er mischte sich nicht, wie es seine Gewohnheit war, unter das Volk, sondern er ging durch die Straßen hinaus auf das offene Feld. Auf seinem Weg hielt ihn eine alte Frau an, die gebeugt war vom Alter und vielen Gebrechen. Sie hatte keinen Platz unter den anderen, und sie litt so viele Schmerzen und führte ein so elendes Leben, daß sich niemand hätte vorstellen können, wie sie sich am Leben hielt.
Sie hielt ihn an und sagte: «Meister, ich habe gehört, du kannst mir meine Schmerzen nehmen. Hilf mir.»
Doch er sah sie an und antwortete: «Nein, das kann ich nicht; doch ich habe eine Botschaft für dich.»
Und sie sagte: «Eine Botschaft für mich? Ich kenne keinen, der mir eine Botschaft senden sollte.»
Doch er antwortete: «Ich habe dennoch eine Botschaft für dich. Mein Herr will, daß ich dir Dank sage.»
Sie sagte: «Das kann nicht sein. Du mußt dich irren.»
Doch er erwiderte: «Ich irre mich nicht; er will dir danken.»
Er konnte ihr nicht erklären, daß sie, nach den Gesetzen des Tales, durch ihre Schmerzen dem König einen Teil seiner Schmerzen abnahm. So brachte er ihr statt dessen die Botschaft, und irgendwie glaubte ihm die alte Frau.
Den Rest des Tages verbrachte er auf dem freien

Feld. Als er zurückkehrte, neigte sich der Tag seinem Ende zu. In den Straßen herrschte eine ungewöhnliche Unruhe. Als er auf den Marktplatz gelangte, sah er die Menge, die sich dort versammelt hatte; und als er in ihre Mitte gedrungen war, sah er das Kind auf der Erde liegen, das er so lange bei sich behalten hatte. Es hatte lange Stunden ohne Pflege und Schutz an dieser Stelle gelegen, und Hunger und Angst und sein keuchender Atem machten es zu einem erbarmungswürdigen Wesen. Ohne zu zögern, ging er darauf zu und nahm es in seine Arme.

«Ist das dein Kind?» fragte einer aus der Menge.

«Es ist nicht mein eigenes», antwortete er, «aber ich sorge für dieses Kind.»

«Dann bist du es, der Leid über uns alle bringt», riefen einige Stimmen aus dem Hintergrund. Und einer rief:

«Ich kenne dich. Du sagst, du nimmst uns unseren Schmerz. In Wahrheit aber bringst du uns viel mehr Leid.»

Und empört drängte er zu dem einen, der schuld daran war, daß ein so schmerzbeladenes Wesen wie das Kind existierte. Die Menge schloß sich rings um ihn und versperrte ihm den Weg zu seinem Haus. Doch sie legte nicht Hand an ihn. Als er mit dem Kind in ihrer Mitte stand, erholte es sich langsam wieder. Mit einer plötzlichen Bewegung aber strömte die Menge in die Richtung der Ratskammer. Und als sie dort angelangt war, forderte sie, daß diese grausame Tat, diese Erhaltung von Schmerzen, bestraft würde.

Nun waren gerade einige der höchsten Richter zugegen, und wie es die Stimme des Volkes verlangte, saßen sie unverzüglich zu Gericht. Keiner wußte, wie das Kind auf die Straße gekommen war; doch der Gefangene gab zu, daß er es am Leben erhalten hatte. Die Ärzte waren sich darin einig, daß der Existenz dieses Wesens gleich nach seiner Geburt ein Ende hätte gesetzt werden müssen. Es gab keinerlei Verteidigungsgründe. Der Beweis für die Beugung der Gesetze war erbracht. Das Volk forderte die Höchststrafe. Die Richter sprachen ihr Urteil über den Schüler.

Bevor der Morgen graute, wurde die Hinrichtung vollzogen. Der Schüler ging seinem Schicksal ohne jede Trauer, eher sogar mit Freude entgegen. Die Schmerzen in seinem Leben waren ohnehin schon lange so stark gewesen, daß er sie nicht mehr hätte ertragen können. Er sehnte sich nicht, wie der Königssohn vor langer Zeit, nach dem Nichts als dem Ende allen Seins. Er fühlte deutlich die Gegenwart dessen, den er in seinen Gedanken so genau erkannt hatte, und dies schien ihm wahrer als Leben und Tod.

Am Tag darauf – ob dies nun von der Erregung des vorhergegangenen Abends herrührte oder eine andere Ursache hatte – bereitete sich eine ungewöhnliche Stille über die Straßen der Stadt. Es wurde nicht viel über den Vorfall gesprochen, der sich tags zuvor ereignet hatte. Das vorherrschende Gefühl war ein Erstaunen darüber, daß ein so unbedeutender Vorfall einen solchen Aufruhr verursacht hatte. Fast überall geriet die Angelegenheit bis zum folgenden Abend in Vergessenheit. Und doch waren hie und da einige Bewohner, in deren Leben der Verlust eines Freundes eine tiefe Lücke hinterließ. Lebensfreude und Lebenskraft schienen verloren. Das arme Kind lag bleich und reglos und schnappte nur hin und wieder keuchend nach Luft. Keiner war verzagter als der Schreiber. Sein Leben erschien ihm ohne Bedeutung und Wert. Seine neuen Würden kümmerten ihn nicht.

An jenem Tag verbreitete sich eine ganz unbegreifliche Nachricht in der Stadt. Der Vorsitzende des Rats für Empfindungen war in Leblosigkeit versunken. Er hatte in der Blüte seines Lebens gestanden. Es war unfaßlich. Jeder wunderte sich über diese Nachricht; erstaunlicher war jedoch, wie wenig Betroffenheit im Volk zu spüren war.

Dieser Nachricht folgten andere. Viele Bewohner der Hauptstadt hatten ein anstrengendes Leben geführt und schieden nun plötzlich dahin. Der Schreiber hatte beschlossen, wieder auf das Land zu ziehen. Doch auch von dort hieß es, die ärmeren Arbeiter und diejenigen, die lange Wege hatten oder anstrengende Tätigkeiten ausübten, versänken in Leblosigkeit. Die hohe Welle der Ermattung schien nicht nur über die Hauptstadt, sondern über das ganze Tal hinwegzugleiten. Nur Reiche und Untätige blieben weitgehend verschont. Sie begaben sich zu dem Händler, der ihnen die angenehmen Dinge verkaufte, und ersetzten so die natürliche Lebenskraft, die in jedem von ihnen geringer zu werden schien.

Am Rande des Tales, dort, wo die Schlucht ihren

weiten Graben zwischen dieses Land und jenes schlug, erstreckte sich weit und endlos wie das Meer die Ebene, aus der der König gekommen war. Der Mond hüllte sie in ein silbergrünes Licht, dunkle Schatten lagen auf den nahen Gestaden, und allmählich zeichneten sich die Umrisse der Felsen ab, vor denen diese Schatten lagen und die sich kaum aus dem Hintergrund abhoben, aus dem sie emporragten.
Über die breite Schlucht wehte der leise Klang einer Flöte, eine überirdisch schöne Melodie, die die Sinne betörte und wie ein Ruf in ein fernes Jenseits drang.
Und als das Auge die Quelle der Töne erblickte, stand dort, in der öden Einsamkeit, noch einmal des Königs ergebener Diener, der alte Mann, der ihm einstmals seinen Gruß entboten hatte. Langsam verklangen die Töne, bis sich schließlich der Mantel der Stille über das Tal senkte. Nun erschien eine Gestalt am Eingang des Tales. Sie näherte sich und schien über die Schlucht zu blicken; angespannt und regungslos spähte sie hinüber. Schließlich ertönte eine Stimme:
«Bist du da?»
«Ja, oh König, was wünschet Ihr? Seid Ihr müde?»
Es kam keine Antwort.
Da sprach der alte Mann. «Seht die Straßen, die sich weißschimmernd im Lichte des Mondes erstrecken, seht die Felder und Dörfer, seht in der Ferne das Mauerwerk des Palastes. Ist nicht all dies um euretwillen entstanden, oh König?»
Da antwortete der König: «Ich bin müde.»

Plötzlich hob der alte Mann seine Flöte mit beiden Händen an seine Lippen. Und es erschallte eine Fülle jubelnder Klänge, gewaltige Hymnen, wie zu Ehren eines mächtigen Staates, edle Gesänge unendlicher Freude.
Auf unbekannte Weise gelangte der alte Mann über die Schlucht an die Seite des Königs. Nach einer Weile schritten sie zusammen voran und verließen das Tal – wohin sie gingen, weiß ich nicht.
Und als der König das Tal verlassen hatte, versanken seine Bewohner in die Leblosigkeit, in der er die ersten unter ihnen angetroffen hatte. Zuerst schieden jene dahin, deren Hände und Geist am stärksten gefordert waren; denn sie empfanden als erste, daß niemand mehr über ihnen den Schmerz erlitt, der ihnen größere Freude gab. Und als langsam die angehäuften Freuden zur Neige gingen, legte sich ein eiskalter Todeshauch über das Tal. Frage nicht, was aus ihnen geworden ist; denn alle erlitten das eine Schicksal. Alle Hände vergaßen ihr Handwerk. Der Lärm des geschäftigen Treibens verstummte. Eine um die andere der langsam dahinwankenden Gestalten sank zu Boden. An jedem Ort herrschte eine so tiefe Stille, als wären alle Bewohner zu einem großen Fest gegangen. Kein wachsames Auge, keine fleißige Hand war da, um dem langsamen und doch unaufhaltsamen Verfall und Niedergang Einhalt zu gebieten. Gras überwucherte die Straßen, die Gebäude zerfielen zu Staub, bis im Laufe der Zeit alles begraben war – Häuser, Felder und Städte schwanden dahin, bis schließlich nichts mehr von all dem zeugte, was einst gewesen.

Inhaltsverzeichnis

Vorwort von Jorge Luis Borges	7
Einleitung	13
Eine flache Welt	21
Was ist die vierte Dimension?	50
Der König von Persien	52

3.60